英语教学在“互联网 + 教育”中的新向度研究

覃涛涛　著

吉林人民出版社

图书在版编目 (CIP) 数据

英语教学在“互联网 + 教育”中的新向度研究 / 覃涛涛著 . -- 长春 : 吉林人民出版社 , 2023.6
ISBN 978-7-206-20129-5

Ⅰ . ①英… Ⅱ . ①覃… Ⅲ . ①信息技术 – 应用 – 英语 – 教学研究 – 高等学校 Ⅳ . ① H319.3-39

中国国家版本馆 CIP 数据核字 (2023) 第 126425 号

英语教学在“互联网 + 教育”中的新向度研究
YINGYU JIAOXUE ZAI “ HULIANWANG + JIAOYU ” ZHONG DE XIN XIANG DU YANJIU

著　　者：覃涛涛
责任编辑：李　爽　　　　封面设计：武思岐
吉林人民出版社出版 发行（长春市人民大街 7548 号） 邮政编码：130022
印　　刷：河北万卷印刷有限公司
开　　本：710mm × 1000mm　　1/16
印　　张：14.5　　　　字　　数：210 千字
标准书号：ISBN 978-7-206-20129-5
版　　次：2023 年 6 月第 1 版　　　　印　　次：2023 年 6 月第 1 次印刷
定　　价：88.00 元

前　言

preface

在当今信息时代，互联网技术的高速发展为教育领域带来了很大的变革。特别是近年来，国内外对“互联网＋教育”的关注程度不断提高，这一理念正在推动教育信息化的进程，为英语教育事业的发展提供了新的机遇。为了深入探讨和研究英语教学在“互联网＋教育”背景下的新向度，笔者撰写了《英语教学在“互联网＋教育”中的新向度研究》一书，旨在为广大英语教育工作者提供理论与实践方面的指导。

本书共分为七章。第一章从“互联网+”的内涵、特征与思维和互联网＋教育”的内涵、特征与趋势方面对“互联网＋教育”的基本理念进行了系统阐述。第二章重点讨论了“互联网＋教育”中英语教学的现状、作用以及目标，为后续章节的深入研究奠定了基础。第三章主要探讨了英语教学在“互联网＋教育”中的理论依据及教学理念，旨在使英语教学更好地适应互联网时代的需求。第四章从基础知识教学、基本技能教学、文化教学和情感教学四个方面构建了英语教学在“互联网＋教育”中的内容体系，为英语教学提供全面的指导。第五章深入探讨了在“互联网＋教育”背景下的英语教学新模式，包括慕课教学模式、微课教学模式、翻转课堂教学模式、混合式教学模式和移动网络教学模式，为英语教学实践提供了多样的选择。第六章对英语教学评价进行了系统分析，并构建了适应“互联网＋教育”的多元教学评价体系。第七章关注英语教师在“互联网＋教育”背景下的专业素养培养，从教师专业发展概述、教师在“互联网＋教育”中的角色、教师专业素养的构成和提升路径四个方面进行了阐述。

本书试图从多角度展示英语教学在“互联网+教育”中的新向度，着力提高英语教学的质量和效果。希望本书能够为教育工作者更好地理解并应用“互联网+教育”的理念提供理论支撑，为英语教育的改革和发展注入新的活力。

在写作过程中，笔者的导师周仪教授给予笔者在学术研究和写作方面悉心的指导，提出了许多宝贵的意见和建议。在此，谨向周教授致以崇高的敬意和衷心的感谢！

由于水平有限，书中的论点和论述难免有不全面之处，还请各位读者批评指正。

目 录

contents

第一章 “互联网+”及“互联网+教育”概述

第一节 “互联网+”内涵、特征与思维

一、“互联网+”的提出

“互联网+”这一理念的提出最早可以追溯到2012年于扬在“易观第五届移动互联网博览会”上的演讲。他在会上首次提出了“互联网+”这一概念，并认为:“在未来，‘互联网+传统行业’不仅是互联网应用那么简单，其高度必须上升到一定的哲学层面上，具体表现为互联网对传统行业的全面改造。未来无论在任何产业中，如果摒弃了互联网发展与传统行业有机结合这个契机，那么其发展前景必然堪忧。”“互联网+各个传统行业”实质上是互联网与各个传统行业的融合，可以催生出众多新的模式。例如，“互联网+传统集市”就产生了淘宝，“互联网+传统交通”催生了网约车，“互联网+传统邮递”就产生了快递。

随着信息化的不断发展，在知识社会创新2.0推动下，“互联网+”催生了经济社会发展的新形态，很大程度上激活了经济实体的生命力，为改革、发展、创新提供了广阔的网络发展空间。“互联网+”这一概念并不是一个一成不变的名词，而是随着时间的推移不断向前发展的概念，它作为一个划时代的产物，影响着当今整个社会。“互联网+”不仅促使了行业的发展，更多的是改变了行业的运行模式和运行机制，在发展中不断衍生出许多全新的领域和模式，这正是“互联网+”的意义。

二、“互联网+”的内涵

“互联网+”的内涵可以从以下三个层面来把握。

1. 概念层面

从概念上看，“互联网+”是将互联网的创新成果与社会各行各业进行深度融合，推动社会各行各业的改革与创新，实现组织变革、技术进步以及效率上的提升，这样可以在社会上形成以互联网为基础设施和创新要求的社会发展新形态，可以推动经济的增长，实现生产力的发展，

2. 功能层面

从功能上看，“互联网+”符合世界互联网发展大趋势，利用互联网的独特优势，可以推动互联网由消费领域向生产领域的拓展，发挥其创新功能。

3. 涉及领域层面

从涉及领域来看，“互联网+”涉及创新创业、协同发展、智慧能源、现代农业、金融服务、惠民服务、物流产业、电子商务、绿色生态、人工智能等行业，可以说，“互联网+”促进我国经济发展进入新常态，已经成为中国经济社会发展的重要动力，未来“互联网+”将与社会经济发展各个领域进一步融合发展，促进经济迈向新的台阶。

“互联网+”是互联网思维在各行各业进一步实践的结果，它推动着经济形态的变革，有效激活了社会经济实体的生命力，为各行各业提供了广阔的网络发展空间。“互联网+”从本质上来说是新的生态的产生，它代表的是一种新的社会形态，将其深度融合于我国的经济、社会各个

领域，可以有效促进资源的优化配置，从而提升全社会的创新能力，形成更为广泛的以互联网为基础设施和实现工具的经济发展新形态。

“互联网 +”是信息化、工业化的升级版，也可以说是当前信息化的核心特征。将这一核心特征提取出来，与工业、商业、金融业等领域全面融合，才能赋予“+”真实的价值。也正是因为这一点，“互联网 +”被认为是创新 2.0 下的互联网发展新形态、新业态，推动着当下经济的创新发展。

三、“互联网 +”的特征

“互联网 +”产生的目的是打破信息的不对称，降低交易成本，促进分工的深化，最终实现社会生产效率的提升。与其他概念相比，“互联网 +”具有以下核心特征，如表 1–1 所示。

表1–1 “互联网+”的六大核心特征

核心特征	表现
跨界融合	1. “互联网 +”依托互联网、移动互联网、大数据、云计算与各行各业相互渗透、深度融合 2. 融合的本质是原有固定模式被打破，展现出新的组织边界和系统架构，并通过最新的科技与理念来推动各行各业向前发展
优化重构	1. 原有的社会、经济、关系、人文结构被重构 2. 企业的业态进行优化或者重组，从而获得新的发展动力，促进企业、社会、经济的可持续发展
协同创新	1. 实现各行各业携手并进、协同创新 2. 通过协同创新，促进创新创业成为时代主流
互联互通	1. 消除行业内外由于体制、政策、技术、资源等因素带来的消极影响，实现资源的共享 2. 互联互通的显著成果是实现知识资源的共享
开放共治	1. “互联网 +”具有开放性，为创新创业发展提供了良好的环境，促进了企业内外生态的良性发展和优势融合 2. “互联网 +”也需要构建良好网络秩序，实现依法治网、依法办网、依法上网，生成良好的网络生态空间
连接一切	1. 连接是“互联网 +”的基础，没有连接也没有“互联网 +”，连接所用的网络“身份证”是 ID 2. 连接的要素包括参与者、技术、协议与交换、诚信等要素

四、“互联网 +”思维

（一）“互联网 +”思维的概念

“互联网 +”思维指的是人们从互联网的基础上去思考和解决问题的思维。它是互联网相关的发展及实践在人的思维上的反映。这种反映经过时间的考验逐渐内化为人们思考问题和解决问题的认识方式及思维结构。“互联网 +”思维一定是依托互联网产生的，这是“互联网 +”思维产生的前提。

随着时代的发展，“互联网 +”思维俨然成为客观需要的社会思维。互联网在今天可谓无时无处不在，它渗透在人们生产生活的方方面面，并影响着各行各业的发展。小到人际交往，大到国家治理都离不开互联网，互联网已经成为推动科技创新、经济发展、社会进步的标志。

（二）“互联网 +”思维的解析

“互联网 +”思维可以从以下四个方面来认知。

1.“互联网 +”思维是建立在互联网基础之上的思维

“互联网 +”思维需要重视互联网，需要认真学习互联网相关的知识，掌握互联网的基本特征及作用，需要了解互联网对人们生活模式及生产模式带来的变化及影响，在此基础上把握“互联网 +”思维。

2.“互联网 +”思维是一种需要适应互联网发展的思维

互联网时代，人们需要学会适应互联网带来的一切变化，如从网上报名、线上办理业务、网购、网上招标等方面。另外，还要注意到互联网时刻处在发展中，所以要适应互联网发展，并紧跟互联网发展的步伐。

3.“互联网 +”思维是一种需要利用互联网发展的思维

“互联网 +”思维驱使人们主动运用互联网去解决问题，并将互联网作为创新创造的新型武器。当下时代，互联网俨然成为传统管理与智慧管理、传统产业与新兴产业、传统营销与现代销售、传统金融与现代金融的重要分水岭。

4.“互联网 +”思维的逻辑是大数据思维

在互联网时代，数据意味着资源、流量、财富、核心竞争力，对相关领域的分析主要依靠大数据，因此，“互联网 +”思维实际上也是大数据思维。人们需要拥有大数据思维，学会收集数据、积累数据，并分析数据、根据大数据思考，依靠大数据决策。

（三）“互联网 +”的思维的时代要求

“互联网 +”的思维需要从实际出发，坚持实事求是，应当从以下角度切入进行思考。

1. 按照互联网特点、规律进行思考

当下互联网的特点概括起来包括开放、平等、互动、协作、共享。“互联网 +”思维也要朝着这些特点努力。互联网是开放的，需要以开放的思维来解决问题；互联网是平等的，需要遵循平等的原则，在网络上与广大网民、客户开展交流，实现共赢；互联网是互动的，需要掌握最优互动的方法，这样可以实现长久的信息对称；互联网是协作的，需要整合不同资源优势，协作并行，实现生产效率的最大化；互联网是共享的，需要围绕“共享”二字，实现思维的升级，为互利共赢奠定基础。

2. 按照互联网用户的需求进行考虑

秉持“用户至上”的理念，满足用户的需求。需求应当放在“互联网 +”思维的核心位置。广大互联网客户习惯快捷便利，“互联网 +”思维就需要从简，降低使用及购买程序。广大互联网客户担心假冒伪劣，“互联网 +”思维就需要树立诚信立本的观念。当然，广大互联网用户的需求随着时代的发展不断变化，“互联网 +”思维需要紧跟这一变化，不断迎合互联网用户的实际需求。

3. 按照行业规范、产品质量标准进行考虑

运用互联网手段在一定程度上可以使滞销产品成为畅销产品，使小众产品发展成为网红产品。但需要恪守行业规范、严把质量关。质量是产品的生命，也是企业做大做强的基础。因此，“互联网 +”思维需要确定质量思维，避免因为质量问题造成名誉的损害。

需要注意的是，互联网思维并不神秘，其背后的逻辑就是用数据说话。“互联网 +”思维与其他的经济思维、政治思维、法治思维、道德思维、战略思维等需要同步发展，或者说“互联网 +”思维需要与其他思维相互整合，这样才能保证“互联网 +”思维的健康发展。

第二节　“互联网 + 教育”的内涵、特征与趋势

一、“互联网 + 教育”提出的背景

“互联网 + 教育”指的是互联网及其衍生的相关技术与教育的深度融合，通过互联网的技术和手段，实现对现有教育的优化与发展，提高教育的公平、质量和效率，推动教育变革，创造和发展教育新生态。

“互联网 + 教育”的提出具有重要的意义，符合了社会发展需求，迎合了教育领域的变革，对教育领域的可持续发展有着积极的意义。“互联网 + 教育”是在“互联网 +”的基础上提出的，除了这一背景之外，还有以下背景。

（一）建设教育强国

党的二十大报告中对教育、科技、人才进行了统筹部署，强调“坚持教育优先发展、科技自立自强、人才引领驱动”，为建设教育强国指明了前进方向。

而教育信息化是建设教育强国的前提，需要以教育信息化促进教育

现代化，不断扫清教育道路上的难题。

（二）当下时代对社会各行各业人才的需求发生了变化

当前科技发展日新月异，国内经济飞速发展，同时国际的竞争越来越激烈，这一背景下对各行各业的人才需求发生了较大的变化。当今世界的综合国力竞争，说到底是人才竞争，人才越来越成为推动经济社会发展的战略性资源，所以教育的基础性、先导性、全局性地位和作用更加突显。

（三）互联网基础设施建设在稳定发展中不断推进

互联网基础设施建设在稳定发展中不断推进主要表现在两个方面。首先，基础设施建设深入推进。光缆、互联网接入端口、移动电话基站和互联网数据中心等基础设施建设稳步推进。其次，基础资源应用水平显著提升。以关键基础资源与基础设施建设为根基，网站、网页、移动互联网接入流量与APP数量等应用规模发展迅速。另外，网民人数的增加以及手机移动端客户端的增加，使在线教育的用户人数逐年升高，上网已经成为人们生活和学习的重要手段。这些为“互联网+教育”的提出提供了支持。

二、“互联网+教育”的内涵

当互联网与教育产生互联，传统的教育就被注入了新的血液，产生了新的活力。关于“互联网+教育”的内涵，可以从以下四个方面来理解。

（一）“互联网+教育”是促进学生成长的融合教育

大数据时代，数据影响着社会发展及人们生活的方方面面。教育需要始终将以人为本贯穿于教学活动中，其核心应当紧紧围绕学生展开，以学生为中心，以学生为主体。“互联网+教育”模式可以实现对大数据的分析与挖掘，使教师通过数据了解广大学生的需求，根据数据制订相应的教学策略，这样教学内容更具针对性，也会很好地激发学生的兴趣。通过"互联网+教育"，学生可以实现教育与需求的有效结合，还能实现跨界融合，最终形成教育联盟。

在教学中，教书育人、管理育人、服务育人必须结合起来，形成跨界融合的教育大联盟，这是未来重点发展的教育模式，这将拓展学生学习的空间，发挥学生的潜能，实现学生的全面发展，因此，"互联网+教育"是促进学生成长的融合教育。

（二）"互联网+教育"体现了创新育人的教育理念

当今时代变化飞速，教育领域如果不能与时俱进将会带来危机。教育领域只有创新教育理念，从创新育人的角度出发才能拥有创新型教师团队以及创新型的学生。

推动教育领域的创新关键在教师，教师是开展创新工作的火炬手，而"互联网+教育"需要教师通过教学创新实现创新育人，引导和激励学生树立创新意识，培养学生的创新思维、创新精神以及创新能力。另外，在互联网冲击下，教师的身份也发生了变化，教师与学生需要平等相处，教师应该提升自我的专业能力和创新能力才能保证培养出创新型人才。

在"互联网+教育"教育背景下，教师需要通过学习强化创新意识，还要通过创新实践积累创新技术及教育方法，不断推进教育理念、教育内容、教育方法，在充分利用教育资源的前提下，实现创新型人才的培养。

（三）"互联网+教育"为"创新育人"提供了全时空环境

"互联网+教育"正是依托创新互联网平台，将创新育人的理念贯穿于教学、实习、实训、社团活动等中，同时注重校园环境、人际关系等方面的氛围搭建，通过结合打造了全时空环境，打通了育人全过程，并贯穿始终。

（四）“互联网+教育”实现了传统课堂、实践课堂、微课堂的联动

一般来说，传统课堂注重知识的传授，实践课堂注重能力的培养，微课堂则重视的是素质的提升。三大课堂既有各自的优势，也存在短板。“互联网+教育”实现了三大课堂的联动，不仅可以实现资源利用的最大化，还能指导学生的网络学习和实践学习。“互联网+教育”实质上将“知识传授、能力培养、素质提升、智慧开发”渗透其中，且因其全新的学习模式为广大学生所喜爱，对学生的健康成长、智慧升级以及创新性学习都有很大帮助。

三、“互联网+教育”的特征

“互联网+教育”的特征概括起来主要包括以下五个方面。

（一）跨界融合

跨界融合体现的是“互联网+教育”的包容性，如互联网与课程融合，互联网与教学融合、互联网与管理融合。融合的意义在于实现了跨界连接与创新，是对原来的教育水平及层次的创新与提升，也是一次质的飞跃。

互联网时代，学生需要依靠互联网、通过不同的学习模式来学习，从而掌握最新的知识。例如，当前兴起的智慧课堂，就是在智慧教育理念的引领下与互联网融合，是校内数字化教育的创新。学习模式的创新给教育行业带来了新的挑战，如何帮学生找到自身的学习方法，让学生能在玩耍中学习，成为教育领域思考的重点。

作为互联网时代数字化教育的重要展示形式之一，通过打造在线学习平台，通过线上+线下的结合模式，帮助学生实现多途径学习，不断强化学生学习效果，培养学生良好的学习习惯。

（二）网上网下结构创新

“互联网＋教育”是一种区别于原来的教育模式的全新的模式。互联网改变了社会结构和关系结构，对教育结构的影响也很大。

首先，“互联网＋教育”对结构的影响主要表现在学生的培养方式上。“互联网＋教育”依托“因材教育”的理念，从学生的实际需求出发，根据学生的认知水平、心理特征、性格特点、学习能力以及自身素质等开展针对性教学。在这一过程中，依靠互联网大数据能科学地分析学生的需求状况，之后会通过整合教育主体形成教育合力，对学生开展立体式、全方位的教育。网上教育要想良性发展，需要最大限度地做好资源整合工作，需要挖掘优质资源，明确资源价值，这样才能很好地为广大学生服务。

其次，“互联网＋教育”对结构的影响还表现在教授关系的变革上，更加强调学生需求和学生的自主探索。网络环境下，学生的学习带有一定的盲目性，此时需要培养学生的信息处理能力，引导他们传播正能量，养成积极的上网习惯。当下，学生通常会通过网络来满足学习需求、成长需求、传播需求、消遣需求、购物需求等。互联网依托大数据能很好地获取用户的需求，以一种舒服的方式来与之对话、交流和互动，在这一过程中传递知识以及价值观。互联网还能让分享变得高效，评价变得真实，这样可以促进教育者提升其教学能力及教学水平。学生可以在互联网中学习，还能参与互联网的建构，因为互联网本身就是大众智慧集合的地方。在“互联网＋教育”中，学生不仅是用户还是设计者，可以参与设计、创新、传播、内容创造，通过评价教学内容、教学设计、教学形式、教学案例、教学方法等手段来参与现代教学。

“互联网＋教育”最终实现的是智能的教学环境创设，这样学生不仅可以发挥自主能力，高效学习，还能更好地实现资源的重组与分配。借助互联网，这种跨界融合将积累下来的教育知识、经验、技能、资产、理念等进行有效整合，最大限度地发挥教育的价值。

（三）以人为本的育人理念

“互联网+教育”不仅促进了教育技术的创新，还给教育思维带来了空前的革命。它颠覆了传统思维，强化了大数据思维、跨界思维、简约思维、用户思维、迭代思维等。其中，用户思维是关键，在众多思维中居于核心地位。在用户思维的指导下，原来的以教师为中心的教学转向了以学生为中心的教学，教育对象不再是机械接受知识的个体，而成为知识传播的中心。教育开始关注学生，围绕学生的需求展开，这样就构建了一个“互联网+教育”的教育体系。这一教育体系有着明显的变化：①从理论化教学、普遍化技能知识转向社会岗位化知识及技能；②传统的课堂空间向社会媒体空间转型，这样教师与学生形成平等交流关系；③校内资源与校外资源进行深度融合，建立学校、企业、社会的动态链；④改变传统教育模式，转变为探讨式教育，促进团队协同合作，营造轻松、快乐的教育氛围。

（四）生态性

“互联网+教育”具有生态性。生态性意味着开放，“互联网+教育”需要营造一个生态大环境，在大环境中避免信息孤岛，实现数据开放和云平台建设，实现各个生态系统的共生与发展。教育领域依靠互联网已经初步建立起了一个全新的生态圈，可以实现学生学习、学生评价、教师评价、教师专业发展、大数据分析等的联合，推动教育教学改革及实践。“互联网+教育”的生态性主要体现在以下五个方面。

从服务上看，“互联网+教育”提供的是智能化服务，这一服务以学科为载体，形成了现代信息技术与评价平台、教师专业发展平台的网络平台构建。

从师生学习发展上看，学习模式由单纯的知识输出向师生共同参与、互动反馈的双向互动模式转化。

从效果上看，“互联网+教育”可以促进学生实现自主学习，并主动对自身学习情况进行反馈，及时获取针对性学习策略，实现“提优补差”“因材施教”的效果。

从参与决策上看，“互联网+教育”可以帮助教师测试自我知识水平，不断提升其专业能力水平。另外，“互联网+教育”还通过收集学生学习相关数据，进行科学的数据分析，为宏观规划的制定者提供科学决策的依据。

从教育模式上看，人既成为教育的生产者，又成为教育的消费者。这种信息的教育生态能很好地适应当下社会，提升人们的创造力，带来社会价值创新。

（五）联通性

“互联网+教育”的联通性表现为互联网可以将一切可以产生信息并具有信息交互可能性或相互影响的因素连接在一起，连接的媒介正是信息通信技术，因此，联通性是“互联网+教育”的未来。

“互联网+教育”需要借助网络资源来创新育人。一方面，“互联网+教育”需要搭建数据云平台，融合各种教育资源及教育力量来进行创新育人。另一方面，“互联网+教育”需要通过各种媒介和载体将教育者与受教育者二者联系在一起，建立教育联动网络来发展教育。这样，教育者依靠“互联网+教育”的联通性可以将学生的出生信息、学前教育、基础教育、中学教育、大学教育等信息有机联系在一起，纳入学生的生态分析体系，实现对学生的全面评价。

“互联网+教育”的联通性除了需要实现国民教育全过程网络连接之外，也要综合各种教育资源，建立立体、全时空、多维协作网络。这个网络中涵盖着家庭教育、学校教育、社会教育、网络教育、自我教育等教育力量，还包括课堂教学、实践教学、网络教学、文化滋养、主题活动五位一体的教育模式。这个立体、全时空、多维协作网络的构建需要

注意以下事项。

1. 各教育力量需要在目标上保持统一

也就是家庭教育、学校教育、社会教育、网络教育、自我教育需要以社会主义核心价值观为引领，这样才能培育出合格的中国特色社会主义现代化的建设者和接班人。在构建中，各教育力量需要引导学生树立创新学习和合作学习的理念，重视学生的创新能力以及合作能力的培养。

2. 需要学生更新观念，学会创新学习

构建过程中需要学生不断培养自我创新意识，锻炼创造性思维，不断提升创新能力，为将来在工作岗位上进行创新打下基础。创新学习需要通过合作来完成，这就需要合作学习，通过学生与学生之间在学习上的合作与促进，实现学习上的共同提升。合作学习不仅能实现高效学习，还能锻炼学生的社交能力，提高学生的合作精神以及团队意识。

3. 强调学生的自我学习和自我教育能力

构建过程中需要强调学生养成终身学习的习惯，并通过自我教育提升自己，这样才能使其在未来的困境中不断开拓创新。

四、“互联网 + 教育”的趋势

（一）创建教育空间

未来，“互联网 + 教育”的空间将不断拓展。创建教育空间，开辟教育发展的新领域可通过以下途径进行。

1. 建设教育专网

教育专网是充分利用国家公共通信资源，由国家主干网、省市教育网和学校校园网组成，实现网络地址、域名和用户的统一管理的教育专用网络。教育专网能为教育领域提供畅通、海量的教育信息，实现教育领域各个环节的高速互联、绿色安全。

2. 升级校园网络

对于当下来说，互联网空间发展到了新的阶段，需要认真研究和规划互联网空间，让互联网空间成为教学实践的平台。在互联网空间中，要建设校园绿色安全专网，不断对校园网络进行升级，发展网络平台服务模式，发展以互联网为依托的绿色安全专网。当前，要升级已有的校园网络空间，还要创新平台服务方式，发展以互联网平台为支撑的公共服务体系，同时要密切关注学习者的学习空间，不断拓展学习者的网络学习空间。另外，还要在校园内采用无线网络并在校园内实现物联网。物联网的优点表现在以下七点。

（1）接入设备集中控制，统一管理。

（2）一键式场景模式方便老师操作，简单便捷。

（3）远程查看设备状态，管理无忧。

（4）实时监控电流电量数据，安全节能。

（5）数据统计、报表呈现，便于决策分析。

（6）对接智慧校园等第三方系统，实现自动管理、数据共享。

（7）采用无线组网技术，稳定高效。

利用物联网可以实现以下四个功能。

（1）实时控制——实时监测和控制所有接入设备。

（2）集中管理——集中管理全校物联空间和设备。

（3）数据统计——实时统计数据变化，提前预警、及时处理。

（4）报表呈现——为学校其他系统提供基础数据支撑，便于学校进行分析与决策。

我国目前正在加快建设教育专网的步伐，未来将实现所有学校接入快速稳定的物联网。

（二）挖掘教育数据的价值

大数据时代，可以说数据已成为人们生活、生产的重要参考，大数据在教育领域也有积极的意义。过去的教育研究多是探索教育的规律，探索教育实践。而现在，教育研究依托互联网实现了教与学的数据化呈现。未来的“互联网+教育”将会充分挖掘教育数据的价值，使之成为推动教育改革的重要参考。

大数据在科学决策、过程监控、个性化服务、综合评价、精准管理等方面有重要的作用。未来，数据建设需要紧紧围绕推动教育数据共享、促进教育数据应用、健全数据规范标准等方面加大对教育数据价值的挖掘。

（三）探索线上+线下融合的教育实践新模式

线上+线下融合的教育实践新模式涵盖了新型学校、教与学新模式、评价新模式、教研新模式、教学组织新模式、教育供给新模式、教育管理新模式、教育治理新模式。

在教育实践中，线上与线下相融合会给教育带来很多新的机遇，所以要关注新型学校、教与学新模式、评价新模式、教研新模式、教学组织新模式、教育供给新模式、教育管理新模式、教育治理新模式。线上+线下融合教育实践新模式，能为探索新的模式、解决教育问题提供新的途径。

（四）规范在线教育新业态

“互联网+教育”的应用产生了许多新业态，如技术服务产业、在线教育产业、平台服务产业、数据服务产业、资源服务产业等，甚至还产生了许多新的职业。互联网出现之后教育教学逐渐工业化，出现了教学设计师、产品设计师、资源开发者、在线学习服务师等新的岗位。教育管理部门需要研究怎么支持并规范这些新业态的发展，逐渐让新业态成为支撑未来教育体系的重要组成部分。

（五）推进教育体制机制改革

互联网空间的产生及发展带动了教育领域新模式、新业态的发展，原来的以班级教学为重点形式的管理机制需要进一步创新。在这一现实下，需要加快教育技术方面的革新，创新教育政策，推动管理机制的向前发展。

当前的学习需求是优质、灵活、个性化的终身学习，而要满足这种需求需要在供给端不断深化，从标准化、时空限制等方面切入，发展现代教育体制机制。因此，推动教育体制机制改革是推动“互联网 + 教育”发展的一个重要的着力点。

（六）更新教育教学理念

与传统教学相比，“互联网 + 教育”在教学理念上主要表现出以下四个方面的变化。

1. 组织观发生的变化

过去的学校和社会是两个脱节的系统，互联网出现之后，学校可以与整个社会互联互通，教育第一次有可能以网络为中介，整合全社会的力量支持学生的发展，所以要从原来封闭的组织观向开放、共享、多元、共治的组织观转变。

2. 知识观发生的变化

除了文字符号等教师在课堂中传播的、适合记载的人类智慧以外，互联网环境可以汇聚人类各种类型的智慧。在这种情况下，人们怎么运用新的知识观，怎么看待互联网环境中的新知识？联合国教科文组织在2016年发布了重要报告，特别强调重新定义知识。知识的形态在网络中是动态的，生产的同时就完成了传播，发展快速的领域的知识难以变成文字教材走进学校，那么教师怎么利用互联网环境帮助学生掌握这些知识？

教育的根本追求是促进人的发展，那么教育的根本价值是什么？早期的思维本体论认为主客观是对立的，教育就是帮助主观的人认识客观的世界，后来杜威（Dewey）提出主客观是相互作用的。在今天的互联网环境下，互联网成为人们生产生活的重要支撑空间，教师需要思考什么样的教育对一个人的未来成长帮助比较大。

3. 系统观发生的变化

原来无论是师生之间的关系，还是学校同各级政府之间的关系，都是线性的。到了今天，在互联网环境中，教育各方面的要素之间的关系不再是线性的关系，而是一个系统科学的复杂网络关系。那么应该用什么样的方法来揭示这样的复杂规律，同时用什么样的观念和思路来管理这样的一个系统，都是人们需要更新的教育教学理念。

4. 教育观发生的变化

教育联通指的是依托互联网实现教育相关要素、资源的联通。体系构建，除了教育内部的构建，还包括构建全球教育联通体系，通过互联网为学生提供更多元化、多模式的学习体验。

“互联网 + 教育”是信息技术引发教育变革的起点，这种变化对未来教育至关重要。如果“互联网 + 教育”做不好，那么互联网在教育中的应用会是无序的、不规范的、无规划的，以人工智能大数据为代表的一些技术依赖的支撑环境也是混乱的，所以要推动智慧教育、更好更快地建设未来教育，必须先把“互联网 + 教育”做好。

第二章 “互联网 + 教育”中的英语教学

第一节 “互联网 + 教育”中英语教学的现状

互联网与英语教学相结合是“互联网 + 教育”在英语教学方面的具体体现，也是时代发展的必然要求。由于互联网和英语教学都有自身的独特性，二者的结合过程是一个复杂的过程，会遇到一些问题与挑战。

一、“互联网 + 教育”中英语教学存在的问题

（一）互联网在英语教学中的局限性

英语教学加入互联网之后，拓展了学生的学习方式，为学生选择内容、英语教师安排学生学习进度方面提供了便利。学生学习英语的学习效率有了较大的提升，也进一步促进了英语的“因材施教”原则的实施。在互联网背景下，英语教师可以依靠互联网技术收集学生学习的各种反馈，及时了解学生知识掌握的情况，为之后的教学奠定基础。

但互联网在英语教学中也有一定的局限性，主要表现在以下四个方面。

1. 相关互联网技术只在特定的教学领域出现

英语教学中一些涉及非逻辑判断领域的内容很难通过互联网进行呈现。例如，在英语作品的评价过程中，互联网无法通过技术对学生的英语作文进行评价，无法分析英语句子之间的关联性，也无法对文章内容与作文主体关联程度进行判断。

2. 互联网技术在学生学习监管方面有待进一步提升

互联网技术运用到英语教学之中为学生个性化学习提供了较大的便利，但是其效果的实现仍然需要一定的前提——学生的自觉性。也就是说，互联网技术目前尚未达到对学生学习的监督，同时，互联网技术尚未形成多样化形式，而单调形式容易使学生产生疲劳感。

3. 互联网融入英语教学很难与学生进行情感沟通

传统英语教学模式中，英语教师和学生同在课堂中，英语教师可以就内容和问题展开交流，同时英语教师还会关注学生的心理和状态，帮助学生提升学习热情，提高学习效率。互联网环境下的学习在情感沟通上较少，且对学生的夸奖较为机械，其效果不如课堂上英语教师面对面地表扬好。因此，情感沟通是互联网融入英语教学所欠缺的。

4. 互联网融入英语教学很难体现英语教师的教育艺术

英语教师对学生的英语学习有着重要的指导作用。目前，英语教师多用多媒体来授课，使学生可以享受到视听盛宴。英语教师依靠互联网来备课和上课，改变了教学方式，但英语教师的教育艺术被媒体所掩盖。

（二）英语教学课件上的局限性

互联网技术在英语教学课件上也具有一定的局限性。课件是互联网技术下的产物，它依据一定的学习理论，反映教学内容及具体策略。英语课件是由英语教师根据教学目的及学生实际情况做的。

课件的使用可以提高英语教师信息传输的效率，使学生以一种全新的方式来学习英语，促进英语教学效率的提升。然而，英语教学课件存在一定的局限性，主要表现在以下四个方面。

1. 灵活性上需要进一步加强

与传统的教学活动相比，英语教学课件一旦形成，其流程也基本固定下来，在教学过程中一般要遵照这一流程开展，其灵活性上需要提升。英语教学课堂上除了知识的学习，还有师生之间的相互交流与互动，这也是课件教学所欠缺的。

在利用课件教学的过程中，英语教师无法将一些无法预见的事情纳入课件。当英语课堂上出现了非预见性事件之后，授课教师只能打破可见流程回到传统课堂中。

2. 区别化教学课件有待开发

互联网中存在大量可见模板，这些模板呈现出同质化特征，然而由于不同地区、不同学校、不同班级、不同教师的差别，教学效果也会不同。因此，应当开发区别化的教学课件。例如，城市学生与农村学生对植物种类的识别程度有着很大的区别。城市学生很少见到野生植物，因此，教师在教学过程中可以加入一些植物的展示图片、动画，这样不仅可以提起学生的兴趣，也可以提升学生的学习效率。农村学生对一些野生植物比较熟悉，因为这些植物就生活在他们的身边，如果再大篇幅介绍就会失去意义。

随着社会的进步以及教师、学生的不断变化，教学过程也需要适当进行调整，这样才能适应未来的形式与要求。那些适合所有教学语境的课件的生存空间也不断被压缩，未来应当重视区别化教学课件的开发，这样可以形成独特教学课件，帮助教师更好地提升教学效率。

3. 自由度需要加强

利用互联网技术，英语教师将一些与教学内容相关的内容收集起来，大大地拓展了教学范围。英语教师会将一些较为抽象的概念通过一些手段将其具体化，如用动画还原一些抽象的东西。虽然可以让学生直观获取，但一定程度上扼杀了学生的想象力，将其限制在所看到的内容上，无法充分发挥学生自由的想象力。

4. 对英语教师的要求较高

课件的制作对英语教师提出了较高的要求，主要表现在以下三个方面。首先，课件对英语教师的计算机操作能力提出了要求。英语教师要制作精美的课件，就必须精通计算机相关的知识和技能。其次，课件的制作要求英语教师具有一定的审美能力。最后，课件的制作还对英语教师掌握良好的教学节奏提出了较高的要求。而就目标英语教学来看，英语教师在计算机操作能力、审美能力、掌控教学能力上都需要进一步加强。

二、“互联网＋教育”中英语教学遇到的挑战

互联网引入英语教学打破了时空的界限，建立起了一种开放式的教学环境，原来的教学模式也发生了变化，由密集型的教学模式转向了分散化、社会化、个别化的教学模式，教育活动的时间和空间都在向外拓展。这一模式的变化也对英语教学模式提出了新的挑战。

（一）对学生的学习能力提出了新的要求

当前，高校的信息技术得到普遍应用和推广，基于信息技术的各个学科的自主学习也开始普及，英语的自主学习也在不断发展，对学生的学习能力提出了新的要求。对学生英语自主学习的支持不仅表现在学习时间、空间上的支持，还表现在协同方式、学习资源上，能促进学生自由表达信息，促进知识结构的构建。

1. 自主学习能力

学生应能独立安排学习时间和内容，自行查找学习资料，识别高质量的学习资源，并根据自身需求和兴趣进行选择。此外，学生还应能够自我监督，对学习进度和效果进行评估，并调整学习策略以提高学习效果。

2. 甄别信息、利用信息的能力

互联网是一把双刃剑，给学生提供丰富知识的同时，也可能误导学

生，因此，学生需要掌握甄别信息、正确利用信息的能力。在这一过程中，作为学生语言学习的引导者的英语教师需要引导学生甄别信息、正确使用互联网，引导学生将精力放在各科的学习上，合理安排休闲娱乐的时间。此外，学校相关的管理部门也要对校园网络进行监管，制定相关的规章制度，对学生的上网情况进行监控，这样可以保证学生养成良好的习惯，谨慎言语。

3. 交际能力

在互联网＋教育背景下，英语学习不再仅限于课堂。学生需要具备较好的听力与口语能力，能与来自不同文化背景的人进行交流。在沟通交流的过程中，学生要表达清晰、有礼貌，能进行有效的沟通，能够理解他人观点和需求等。

（二）对英语教师的素质提出了更高的要求

在互联网时代，英语教师不仅需要具备基本的业务素质，还要有广博的知识、敏捷的思维、过硬的信息技术。其中，信息技术方面的能力包括要懂得信息技术相关的理论知识、利用技术设计教学等，这样英语教师才能充分运用互联网来改进自己的教学方式，提升自己的教学能力。互联网时代，对英语教师的素质要求具体地说包括以下三个方面。

1. 教学观念方面

英语教师的教学观念应当随着时代的发展不断更新。当前，教育形势发生了变化，英语教师需要迎合时代发展的要求，加强对教育现代化以及新的外语教育理念的学习，不断提升自己的业务能力和业务水平。在互联网时代，英语教师应当更新教学观念，不断凸显学生的主体地位，让学生成为学习的管理者、监控者、探究者以及协作者，英语教师在其中需要扮演好设计者、组织者、协调者的角色，这是新时期英语教师必须具备的素质。这一角色的转变要求英语教师具备更高的业务素质，促使英语教师不断更新观念，提升自身的素质。

2. 互联网操作技能方面

互联网操作技能是英语教师运用现代互联网技术教学的前提。现代英语课堂的教学形式如微课、翻转课堂教学等都需要运用一定的互联网操作技能，这样可以实现教师教学过程的最优化，还可以启迪学生主动思考、积极探索，促进英语教学达到理想的教学效果。

3. 教学形式与方法方面

互联网背景下的英语教学与传统的英语教学相比有着明显的不同，其教学形式、教学思路、教学内容、教学过程、教学方法等方面都有了明显的变化。就当前的英语教学来说，仍然注重英语语言知识的传授、语言技能的训练以及语用能力的培养。英语教师需要依托互联网探索教学各要素之间的关系，处理好学生、教学内容、教学环境、教学方式等之间的关系，认真分析学生的心理特征及实际能力，提出科学的教学形式与方法，创设现代化的课堂教学形式，提升学生的语言学习兴趣。

第二节 “互联网 + 教育”对英语教学的作用

在“互联网 + 教育”下，学生的学习发生了重大的变化，学生可以实现随时随地学习，大大地提升了学习的主动性。因此，“互联网 + 教育”对英语教学起着有着十分重要的作用。

一、营造了一个良好、舒适的英语教学环境

现代互联网的运用，可以为广大学生营造一个良好、舒适的英语教学环境。互联网技术可以实现文字、图像、声音、动画的融合，可以创设一个生动、形象的教学环境。互联网可以将一些抽象、单调的词汇变得具体化、形象化，这样可以引起学生学习英语的兴趣，将学生的注意力吸引过来。英语课堂上的一些较难的语言学习，通过互联网技术可以实现虚拟空间的搭建。学生通过体验虚拟空间，学习英语表达和提升英

语交际能力。例如，当英语教师设计了一个消费者购买商品的课件，英语教师可以先利用视频向学生展示买商品的过程，之后组织学生根据视频进行角色扮演，还原购买商品的全过程，这样教学形式就发生了变化，将语言知识还原到实际生活中，增强了学生的体验感，使学生在体验过程中更加牢固地掌握相关的知识。

另外，通过互联网，学生可以接触到大量真实的、地道的英语资料，进行语言积累，还可以了解更多英语国家的文化背景和说话技能，提升自身的语言综合利用能力。

二、生成了新型的师生关系——创造型师生关系

在梳理新型师生关系之前有必要对传统模式的师生关系进行梳理。在传统教学课堂中，教师与学生之间通过课本进行关联，如图 2–1 所示。其中，教师是课堂的主宰者，学生是被动的接受者，课本是教师与学生之间的中介。教师讲授和分析课本，将课本的知识传授给学生。

图 2–1　传统课堂上的师生关系

在互联网模式下，师生关系发生了变化，教师、学生、教学内容与计算机之间相互依存、共同促进。在这一过程中，教师不再是课堂的主宰者，而是学生学习英语的引导者，而学生由被动接受知识变成知识的探索者和主动建构者，这样就形成了全新的师生关系——创造型师生关系，如图 2–2 所示。

师生之间注重交流与互助，尊重学生的个性，强调师生之间的双向性，对学生实施人性化管理，这样学生在宽松、愉快的环境下更好地学习英语，促进其提升英语学习的效率。

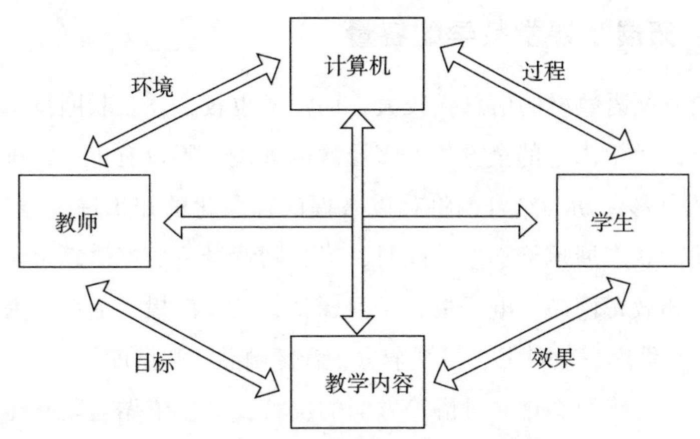

图 2-2 互联网英语教学模式下的师生关系

三、提高了学生学习英语的兴趣和自主学习能力

英语作为一门语言，集人文性与工具性于一体。英语的学习不仅有读与写，也有听与说，是一门综合性较强的学科。随着互联网的普及，英语也对学生提出了更高的要求。例如，英语教材中的词汇在不断增加，课文的篇幅也在加长，这在无形之中对学生的英语学习提出了更高的要求。因此，激发学生学习英语的热情和培养学生学习英语的能力显得非常重要。多媒体英语教学可以拓展英语教学的内容，不仅有图片呈现，还有声音、视频等，在设计文字方面，可以利用颜色以及字体大小来突出重点，这些都大大地调动了学生学习英语的积极性。

互联网的运用除了能提升学生英语学习的兴趣之外，还可以提高学生的自主学习能力。在互联网背景下，学生不仅可以实现时间和空间上的自由，也可以按照自我兴趣来探索，从而形成自我规划基础上的自主学习。这样一来，学生可以把自己感兴趣的知识进一步延伸，促进知识的深化，而英语教师在其中可以引导学生克服困难，提升学生自主学习的能力。

四、拓展了课堂教学的容量

当前，英语教材的信息量较大，词汇量也较大。互联网技术的引入实现了英语教学内容的全方位、多层次的展现，不仅有生动的画面，也有多样的色彩，动静结合，将难以掌握的抽象化的知识进一步具象化，以最优化的状态展示给学生。同时，互联网背景下的英语教学内容的来源广泛，如教育网站、电子书、学习课件、电视广播、虚拟图书馆、网络平台、软件库、教科书、报纸杂志、音像制品、数据库等。

语言是民族的文化、习俗等方面的反映，学生依靠互联网在掌握英语知识的同时，能了解英语国家的基本文化背景及习俗，不断提升自身的文化素养。还需要说明的是，网络信息资源的更新速度比较快，利用互联网进行英语教学可以了解新出现的词汇以及表达形式，这样可以实现英语教学的与时俱进；对于学生而言，能掌握最新的英语语言发展动态，提升英语的实用性。

五、搭建了各种形式的开放性平台

依托互联网技术可以为英语教学搭建一个开放性的平台，这样英语教师与学生之间交流的频率以及互动的质量就有了显著的提升。

首先，英语教师利用电子邮件、微信、QQ 等平台进行日常的教学与生活交流，可以突破时间、空间的限制，还能增进英语教师与学生之间的互动。例如，在微信班级群内开展一些适合线上讨论的话题来激发学生的兴趣，帮助学生将英语融入现实生活。

其次，在布置英语作业时，英语教师可以以论坛通知板的形式来实现。学生可以将学习中的问题、作业情况及同学间的沟通情况及时反馈在通知板上，大大地提升了学习的积极性。

学生在开放性的平台下能最大限度地思考，表达自己的观点，而英语教师需要引导学生主动思考，并利用互联网去挖掘更深的含义。

六、拓展了学生学习英语的途径

在互联网背景下，英语教师的教得到了最大限度的提升，学生的学也得到了较大的空间和时间的支持。总而言之，互联网对英语教师的教和学生的学有较大的帮助，为营造了一个开放式的教和学的环境，使英语教师和学生都能沉浸其中，从而取得较好的教与学的效果。

互联网开放了学习资源，超越了时间、空间，通过网络可以实现与国外真实的英语环境的人的交流，这样拓展了学生学习英语的途径。学生通过互联网可以浏览到英语国家的相关人文地理、最新的英语信息，还能与国外的人进行交流，大大地提升了学生综合运用英语的能力。

七、促进了英语教学评价方式的优化

对英语教学的评价有助于学生对英语的掌握及运用。在英语课程标准中提到了要对学生英语学习采取多元化的评价方式，并通过评价激发学生的学习兴趣，促进学生的自主学习能力、思维能力的提高。在互联网技术的支持下，学校可以开发出不同的测评系统，激发学生学习英语的主动性。

例如，云班课与传统教学不同，它是与时俱进的教学形式。云班课是将教师备课的过程、课堂内外教学中的学生与教师之间的互动、对学生的学习进行答疑或指导、布置作业、批改作业等多个步骤集中在了一个云服务平台上，把原来需要用纸、笔来做的事变成了用手指点触就可完成的事，把课堂里的提问、举手回答变成了师生之间的即时互动和即时反馈。一方面，学生可以在没有压力的前提下发挥出自己比较好的水平；另一方面，学生也会根据测评结果相应地补全自己的短板，实现全面提升。

第三节 “互联网＋教育”中英语教学的目标

结合当下教育及未来教育的特点发现，教师在教学中扮演着组织者、监督者和向导的角色，而学习的本质也由为了学习而学习变成了为满足需求而学习。基于此，“互联网＋教育”中英语教学的目标主要表现在以下六个方面。

一、提升学生学习的积极性

对于学生来说，互联网背景下的英语学习能凸显学生的主体性地位，使学生可以从自身的实际情况来选择上课的时间以及进度，通过互联网来开展学习。当学生遇到难懂的地方可以放慢学习的脚步，当然遇到简单的地方也可以加快学习的节奏，总之学生在互联网背景下有着较大的自由，掌握了英语学习的主动性。

互联网为广大学生学习英语提供了自由的环境，使学生能及时改正错误的地方，巩固学生的语言技能。另外，学生还可以运用多种多样的教材及课件，或者浏览网上信息和资源来进行个别化学习。在学习过程中，学生还可以通过互联网向英语教师反馈问题，从英语教师那里寻求指导，从而提升自身学习英语的兴趣，提升学习效率。

除了理论知识方面的学习之外，英语教学还包括大量的实践教学内容。这些实践教学内容可以在互联网上实现。同时，学生在这一环境下也不用担心被提问或怯于回答等问题，在学习态度上变得积极，他们更愿意通过互联网来提出问题并解答其他问题。正是互联网创设的宽松的环境，促使学生英语学习的效率得到提升。

二、促进学生沟通交流

英语教学的最终目的是交流，一般来说，沟通交流的目标包括以下三个方面。

（1）学生能进行对话交流，能从对话中获取信息。在互联网背景下，需要强化学生的口语交流与表达能力，提升学生的沟通交流能力，为社会培养更多的英语相关人才。

（2）学生可以就不同的主体表达自己的理解和思想。学生可以就某一内容表达自我的见解，并针对自我的疑问提出问题，通过交流消除疑问，并形成自我认识。

（3）学生可以向对方阐述概念，表达创意，实现互动。这里强化了学生的自主学习和探索学习，所学的相关内容一定是学生自己喜爱的，并能产生独特见解的。学生具备相关的阐述能力，并能在交流中将自己的创意表现出来。

三、提高英语教学效果

英语教师在互联网的支持下，工作效率有了显著提升。当下，英语教师运用互联网开展教案设计、成绩录入、查询教学资料等工作，大大减轻了自身的工作量，这样能将更多的精力放在教学水平及学生学习的提升上。对于英语课堂教学来说，英语教师可以展示自己的英语教学课件，并在这一过程中监测学生的学习情况。最后，英语教师根据记录情况来对学生的测试结果进行统计与分析，查漏补缺，找出改进的方法。

英语教师在课下也可以依靠互联网来完成作业的批改。对于一些客观性的题目，英语教师可以通过互联网进行处理。这样英语教师可以节省一部分时间，将更多的时间放在教学环节以及学生的疑问上。课下，学生可以从试题库中找题进行测试。有的试题库采用的是闯关模式，通过了考核会进入下一阶段的学习。学生可以依托互联网实现自主学习，用适合自己的方式实现学习效果的最大化。

英语教师除了要与本班同学的互动之外，还需要与其他英语教师、其他班级的学生开展教学成果共享活动。例如，英语教师之间可以实现课件的分享，其他英语教师可以观摩学习，可以有效提升英语教师的专业素质，使英语教师在教学中能取得较好的教学成果。

四、提升学生的思维认知

“互联网 + 教育”中的思维认知目标按照水平划分可以分为以下层次目标。

（一）知识层面目标

知识层面主要针对的是所学的英语教材的内容的掌握程度，可以分为以下三类。

1. 具体的知识

具体的知识指教材中个别的、能被分离部分的记忆，是抽象水平最低的材料的记忆，包括两个方面：一是术语知识，如知道英语词汇的一般含义；二是具体事实的知识，如了解英语内容中关于时间、事件、人物、场所等的知识。

2. 处理具体事物的方式方法的知识

这是教材内容中关于组织、研究、判断、批评的方法的知识，是介于具体事实知识与一般知识之间的媒介水平上的抽象知识，包括三个方面：一是惯例的知识，如掌握英语学科中的语法、文体；二是趋势和顺序的知识，这是与时间有关的现象的过程、方向、变化的知识；三是分类和类别的知识，如英语单词分类的知识。

3. 英语学科领域中的普遍原理和抽象概念的知识

这是英语学科中抽象化、结构化了的理论和概念，属于抽象水平、复杂水平很高的知识，包括原理与概念的知识、理论与结构的知识。

（二）领会层面目标

领会就是指对学习内容最低层次的理解，可以分为以下三类。

1. 转化

转化就是用不同的形式来表达学习的内容，以表示对学习内容的理解。例如，说出一个单词的同义词或近义词、对一个抽象概念举例说明、翻译等。

2. 解释

解释是指对学习内容的说明和概括。例如，对英语语法或者文化背景的说明、对文章大意的概括等。

3. 推断

推断就是根据学习材料所描述的趋势、倾向或给出的条件作出估计或预测。

（三）运用层面目标

运用就是让学生用学过的词语去解决问题。例如，外语中运用造词法写出一个单词不同词性的系列词汇等。

（四）分析层面目标

分析是把所学的内容分解成若干组成部分，并明确各部分的相互关系和构成的方式，可以分为以下三类。

1. 要素分析

要素分析要求学生把所学对象分解成可鉴别的各个组成部分。

2. 关系分析

关系分析要求学生弄清各因素之间的相互关系或结合关系。

3. 组织原理的分析

组织原理的分析要求学生把所学内容组合成一个整体的组织原理、排列和结构。例如，英语阅读教学中要求学生写出“段落提纲”或“结构提纲”或“对比提纲”。

（五）综合层面目标

综合是要求学生将干分散的知识相结合而形成一个整体，可以分为以下三类。

1. 进行独特的交流

进行独特的交流是指用语言或文字将自己的观念、情感或经验传达给他人。例如，表达自己的观念和情感的作文、运用所学的知识对英语教师提出的问题进行的论述等。

2. 制订计划或操作程序

制订计划或操作程序是指制订计划或实施方案。例如，独立设计英语方案、制订一个课题的学习计划等。

3. 推导出一套抽象关系

推导出一套抽象关系是指通过对所观察到的现象或得到的资料进行分析，发现其间的抽象关系或提出假说。例如，英语教学中引导学生通过所学的词汇归纳造词法等。

（六）评价层面目标

评价就是根据一定的目的对有关的学习内容或方法作出价值判断，可以分为以下两类。

1. 依据内在证据来判断

依据内在证据来判断是指根据一定的理论及其他内在准则来评价内容的正确性。

2. 依据外部证据来判断

依据外部证据来判断是指根据选择出来或回忆出来的标准进行判断。例如，根据英语教师给出的标准来评价一篇文章，根据事先拟定的标准来评价一次讲演等。

五、提高英语专业学生的综合运用能力

通过互联网，英语教师可以采取电子白板、虚拟教室、新闻组、电子论坛、E-mail 等多种教学方法，实现不同时间、不同位置的信息交流。

这种信息交流可能是一对一的，也可能是一对多的交流。在语言锻炼上，学生可以通过万维网进行交谈，通过网页开展讨论，还可以采用在线交流的形式，与世界各地的英语使用国家的人开展交流，增强自身的口语表达能力，提升自身的人际交往能力。

除了学习方面，学生在使用互联网的过程中，能很好地掌握现代互联网技术，熟练地使用计算机软件，并掌握快速搜索功能。学生可以就感兴趣的内容进一步深入研发与探索，促进自身英语能力的提升。

六、激发学生的求知欲，养成终身学习的习惯

互联网背景下，高校的英语教学除了教授英语教材之外，还要拓展其他的内容。例如，英语教师可以从不同的资料中选择合适的内容生成教学课件，而制作的课件应当符合英语教师的教学风格，同时要基于学生的需求。借助互联网追踪到最新的学习资料，不断拓展英语教师的教学内容。例如，在开展英语阅读时，英语教师可以将最新的阅读资料展示出来，这样就使阅读课具有了时代性，从而引起学生的注意，使其能在课堂上主动配合，并完成教学内容。

另外，英语教师可以使用电子教材进行教学。电子教材是与文字教材配套的内容，如多媒体光盘。另外，英语教师可以从一些适合我国国情的外语新闻、原声电影等中捕捉到原声，促使学生发音上的规范。一些国际互联网上使用的语言多为英语，因此学生也可以利用这些资源，深入研究句子语法以及语言习惯，实现自身英语综合能力的提升。

需要强调的是，互联网的更新速度非常快，在教学过程中，英语教师需要引导学生养成终身学习的习惯，帮助学生养成了解新信息的意识，培养学生了解新信息的习惯，这样学生就能在时代大潮中掌握英语的前沿动向，与时俱进。

第三章　英语教学在“互联网+教育”中的理论依据及教学理念

第一节　英语教学在“互联网+教育”中的理论依据

互联网技术飞速发展，为英语教学的改革与创新提供了必要的技术支持。这里先分析英语教学在“互联网+教育”中的相关理论。

一、社会语言学理论

社会语言学从产生到现在有六十多年的历史，其产生与发展有着深刻的社会原因。第二次世界大战之后，欧美国家由于移民以及其他历史原因造成双语或者多语现象，导致语言问题凸显。为了协调语言以及语言变体，充分发挥语言的功能，于是就诞生了社会语言学。

（一）社会语言学理论解析

社会语言学是一门融合了多学科的学问，包含了社会学、人类学、民族学、地理学等，主要研究的是社会与语言之间的关系，考察语言在不同社会条件下的变异。社会语言学主要涵盖两个方面的内容，一是语言结构，二是社会语境。社会语言学试图通过社会的各种现象来分析和探讨语言的各种现象及语言行为，并通过语言使用现象说明社会结构及其内在机制问题。

社会语言学所关心的要点问题是语言与语境的关系、语言与文化的关系以及语言的社会意义。陈原在《社会语言学》中说道：“语言是一个变数，社会也是一个变数；语言和社会这两个变数互相影响，互相作用，互相制约，互相接触而引起互相变化。”[①] 由此可见，社会语言学以社会学的维度，研究语言、语言变体、语言功能的动态变化。

社会语言学涉及的领域宽泛，体现了其学科研究范围的宽泛性、多样性以及复杂性。社会语言学在理论、方法上与社会学、哲学、人类学、心理学、大众传媒等有密切的关系，因此其范围涉及广泛。

（二）“互联网＋教育”下英语教学体现的社会语言学理论

在“互联网＋教育”下，英语教学体现了社会语言学理论的以下内容。

1. 培养学生的社交能力

社会语言学理论强调语言的社交功能，在英语教学中，教师可以通过模拟真实社交情境，让学生练习语言交流的技能，培养他们的社交能力。在“互联网＋教育”下，英语教师可以使用视频聊天工具或社交网络平台来模拟真实情境，让学生更好地了解英语使用的社交规范。

2. 强调语境和语用

社会语言学理论认为，语言使用是基于特定的语境和语用的。在英语教学中，教师可以通过强调语境和语用来让学生更好地理解和使用英语。在“互联网＋教育”下，英语教师可以通过使用各种语境来教授词汇和语法知识，如使用视频或图片来说明单词的意思，或者通过模拟电子邮件或聊天对话来让学生学习如何正确使用语言。

---

① 陈原．社会语言学[M]. 上海：学林出版社，1983：122.

3. 教授多样化的语言形式

社会语言学理论认为，语言使用是多样化的。因此，在英语教学中，教师应该教授多样化的语言形式，包括不同的口语和书面语，以及不同的英语方言和语音。在“互联网＋教育”下，英语教师可以使用多媒体教材和在线资源来教授多样化的语言形式，如使用英语电影或音乐来教授口语，或者使用社交媒体来教授书面语。

4. 培养学生的跨文化交际能力

社会语言学理论认为，语言使用是基于特定文化背景的。在英语教学中，教师可以通过培养学生的跨文化交际能力来让他们更好地理解和使用英语。在“互联网＋教育”下，英语教师可以使用在线跨文化交流平台来让学生与以英语为母语的人进行交流，了解他们的文化背景和语言使用习惯。

二、应用语言学理论

（一）应用语言学的内涵

应用语言学理论是指将语言学理论应用到实际语言教学和使用中，以解决语言学习和应用中的问题，并促进语言教学的发展。应用语言学理论包括语音学、词汇学、语法学、语用学、语篇分析、二语习得理论等。语音学主要关注语音知识对语言理解和交际的重要性，研究发音和语调的规律，以及如何帮助学习者正确发音和掌握语调。词汇学主要研究词汇的形态、结构和使用规律，以及如何帮助学习者扩大词汇量、提高词汇运用能力。语法学重点研究语法结构和句子构成规律，以及如何帮助学习者掌握语法知识，准确地理解和表达语言。语用学主要研究语言在实际交际中的使用规律，以及如何帮助学习者掌握语言交际技能，提高交际效果。语篇分析主要针对语言在语篇中的运用和组织规律，以及如何帮助学习者掌握语篇分析技能和理解语言的语境意义来展开研究。

二语习得理论主要研究二语习得的规律和机制，以及如何帮助学习者快速有效地习得第二语言。总之，应用语言学理论旨在将语言学理论应用到实际语言教学和使用中，以帮助学习者掌握语言知识和技能，提高语言交际能力和语言应用水平。

应用语言学是语言学的一个分支领域，旨在将语言学理论应用到实际语言教学和使用中，解决语言学习和应用中的问题，促进语言教学的发展，其内涵包括以下七个方面。

1. 语言教学方法

研究各种语言教学方法的优缺点，根据不同学习者的特点和学习目标选择适合的教学方法。

2. 语言测试评估

研究如何科学地设计语言测试和评估方法，以衡量学习者的语言水平和语言能力。

3. 语言教材开发

研究如何设计和开发符合学习者需求和语言学习要求的教材，以提高教学效率。

4. 语音、语法、词汇等语言知识教学

研究如何通过系统的教学方法，帮助学习者掌握语音、语法、词汇等基本语言知识，提高语言运用能力。

5. 语用学和语篇分析

研究如何通过语用学和语篇分析等，帮助学习者理解语言的语境意义，提高语言交际能力。

6. 二语习得理论

研究二语习得的规律和机制，帮助学习者快速有效地习得第二语言。

7. 跨文化交际

研究不同语言和文化背景下的交际行为和规则，以提高跨文化交际能力和跨文化沟通能力。

（二）“互联网 + 教育”下英语教学中体现的应用语言学理论

“互联网 + 教育”下的英语教学涉及多个应用语言学理论，主要体现在以下六个方面。

1. 语音教学理论

“互联网 + 教育”下的英语教学中，语音教学一般采用多媒体教学、网络语音聊天等方式，辅以语音识别技术，帮助学生更好地掌握英语语音，提高口语表达能力。

2. 语法教学理论

“互联网 + 教育”下的英语教学中，语法教学不仅依赖传统教材和课堂教学，还依靠许多网络资源，如在线语法课程、语法博客和论坛等，让学生通过自主学习更好地理解和掌握英语语法知识。

3. 词汇教学理论

“互联网 + 教育”下的英语教学中，词汇教学主要依赖网络资源，如在线词汇课程、在线词汇测试和词汇 App 等，帮助学生增加词汇量，提高阅读和写作能力。

4. 语用学和语篇分析理论

“互联网 + 教育”下的英语教学中，语用学和语篇分析理论在交际和阅读教学中起到重要作用。学生可以通过网络资源学习英语交际策略、阅读技巧等，以更好地理解英语的实际使用场景。

5. 跨文化交际理论

“互联网 + 教育”下的英语教学中，跨文化交际理论被广泛应用，以帮助学生更好地理解不同文化背景下的交际规则和文化差异，提高他们的跨文化交际能力。

6. 第二语言习得理论

“互联网 + 教育”下的英语教学中，第二语言习得理论指导学生通过网络资源、自主学习等方式快速有效地学习英语，更好地掌握语言技能和语言知识。

综上所述，“互联网＋教育”下的英语教学体现了多个应用语言学理论，为学生提供了更加丰富、多样化的学习资源和方式，有利于提高他们的英语综合运用能力。

三、第二语言习得理论

（一）第二语言习得理论的内涵

第二语言习得理论是指对于人们学习第二语言的过程、方式、规律等进行研究的理论。它主要探讨第二语言学习者如何在接触第二语言的过程中获取语言知识和技能，以及学习过程中所面临的问题和困难，同时也关注语言教学的有效性和实践。

第二语言习得理论产生的时间可以追溯到二十世纪五六十年代，当时语言学家开始关注第二语言学习和习得的过程。在这个时期，第二语言学习研究得到了很大发展，许多语言学家如斯金纳（Skinner）等开始探索第二语言习得的规律和原理。随着科技的发展，国际交流和合作越来越频繁，人们也需要学习第二语言来与世界各地的人进行沟通和合作。

以上这些因素促使语言学家开始研究第二语言习得的过程和规律，并提出第二语言习得理论。这些理论包括行为主义理论、认知发展理论、社会交互理论、语用学理论等，这些理论为第二语言的教和学提供了理论指导和实践借鉴。第二语言习得理论的内涵主要包括以下五个方面。

1. 语言习得与语言学习

第二语言习得理论认为，语言习得是一种自然而然的过程，是人类天生的能力，而语言学习则是通过外部教学和训练等手段来获得语言知识和技能。在第二语言习得过程中，学习者应该尽可能地模仿母语使用者的语言行为，通过语言输入和交互获得语言知识。

2. 语言输入与语言输出

第二语言习得理论认为，语言输入是学习者获得第二语言的重要途径，而语言输出则是巩固和提高语言能力的重要手段。在第二语言习得中，学习者需要通过大量的听、说、读、写等练习来提高语言输入和语言输出的能力。

3. 语言能力的发展顺序

第二语言习得理论认为，学习者在学习第二语言时，会按照一定的顺序逐步发展不同的语言能力，包括听力、口语能力、阅读能力和写作能力等。在第二语言教学中，教师需要根据学习者的语言发展阶段来进行针对性的教学，以提高学习者的学习效果。

4. 语言输出的焦虑和提高语言信心

第二语言习得理论认为，学习者在语言输出时可能会出现焦虑和紧张情况，这会影响他们的语言表达能力。在第二语言教学中，教师需要鼓励学习者，提高学习者的语言信心，减轻他们的语言输出焦虑。

5. 语言背景和文化因素

第二语言习得理论认为，学习者的语言背景和文化因素对第二语言习得有一定的影响。在第二语言教学中，教师需要考虑学习者的语言和文化背景，以及学习者对于目标语言的文化认知和理解，以提高语言学习效果。

（二）第二语言习得的主要理论

1. 克拉申的第二语言习得理论

克拉申（Krashen）提出了第二语言习得理论。该理论认为，人类的第二语言习得是一种自然的过程，与母语习得具有相似性。根据克拉申理论，人类的第二语言习得有五个主要假说。

习得—学习假说（acquisition-learning hypothesis）：人类通过“习得”而非“学习”来获得第二语言。习得是一种自然、无意识的语言习得过程，而学习则是一种有意识的语言学习过程。

自然顺序假说（natural order hypothesis）：第二语言的习得遵循一种自然的顺序，学习者会先习得简单的语言结构，然后逐渐习得更复杂的结构。

输入假说（input hypothesis）：第二语言学习者只有在接收到可理解的语言输入时才能获得第二语言，而输入必须是适度的、有意义的和贴近学习者语言水平的。

情感过滤假说（affective filter hypothesis）：第二语言学习者在学习和日常生活中输入的语言信息并不都被吸收。人类头脑中这种语言的堵塞现象，是由于情感对输入的信息起到了过滤作用，也就是“情感过滤”，造成这种现象主要是因为一些心理因素。

监控假说（monitor hypothesis）：第二语言学习者的语言输出主要依靠习得的知识生成的，学习的知识只是用来监控第二语言学习者的语言输出过程。这种监控可以表现在语言输出之前、输出期间或输出之后。

克拉申的第二语言习得理论模式强调了输入的重要性和自然的习得过程，对于语言学习者和教师都有一定的启示作用。

2. 舒曼的文化适应理论

1978 年，舒曼（Schumann）提出了文化适应模式理论。舒曼的理论包含社会因素和心理因素两组变量。社会因素包括社会显性、三种结合策略（同化、保留和改变）、学习者社团规模大小、文化和谐性、社团态度和打算居留时限。心理因素包括语言震惊、文化震惊、动机和自我透性。

文化适应模式的核心内容是第二语言习得只是文化适应的一部分，学习者始终处于从不适应过渡到适应的系统中，而学习者对目的语群体文化的适应程度将决定其习得目的语的水平。“文化适应”指学习者在社会和心理两方面都能融入目的语群体之中。在文化适应模式中，舒曼通过“社会距离”和“心理距离”来分析文化适应模式。

（1）社会距离。社会距离是指第二语言学习者群体与目的语群体之间的关系，影响着第二语言学习者的语言水平。社会距离包括以下八个方面。

“社会主导模式”：它涉及第二语言学习者群体与目的语的平等程度，会影响第二语言学习者学习目的语的速度和水平。

“融入策略”：它是指第二语言学习者面对目的语群体文化时可能采

取的态度和做法，包括同化策略、保留策略和适应策略。

“封闭程度”：它是指第二语言学习者群体和目的语群体共享社会设施、共同工作的程度。这影响了第二语言学习者接触目标语群体的机会。

“凝聚程度”：它是指第二语言学习者群体内部成员间的密切程度。凝聚程度低意味着学习者有更多机会接触目的语群体，反之则较少。

“群体大小”：它是指第二语言学习者群体人数的多少。群体大，学习者有更多机会接触目的语群体，反之则较少。

“文化相似性”：它是指第二语言学习者群体的文化与目的语群体的文化的相似度。文化相似度高就相对容易习得第二语言，反之则相对困难。

“态度”：它是指第二语言学习者群体对目的语群体的整体态度，既有正面态度又有负面态度。若第二语言学习者持正面态度，则有更多机会接触目的语群体，便于习得第二语言，反之则不利于习得。

“打算居住的时间”：它是指第二语言学习者群体是否有在目的语群体所在国长期居住的打算。若第二语言学习者有长期居住的打算，为了生存，会积极学习第二语言，与目的语群体进行更多的交流，反之则交流较少，不利于第二语言的习得。

（2）心理距离。心理距离是指个体学习者在学习第二语言时，由于情感因素而与目的语群体之间产生的距离。它包括以下相互关联的因素：语言休克、文化休克、学习动机和语言疆界渗透性。

语言休克是指学习者在使用第二语言时所感受到的不安和恐惧。每种语言都有其独特的语言特点，学习者在学习语言时会面临各种困难，而这些困难可能打击他们使用第二语言的信心。

文化休克是指学习者进入目的语群体时所感受到的焦虑。当学习者进入目的语环境时，他们可能不理解目的语群体的生活方式、价值观和行为规范，自己的思维模式可能不被目的语群体接受，自己的价值观和行为可能与环境格格不入，导致学习者感到像是一个与世隔绝的外来者。为了改变这种状态，学习者会努力适应这种环境。有些学习者选择学习目的语的文化，以更好地适应环境，而有些学习者则保持自己的文化身份，拒绝接受这种文化。对于那些无法适应该环境的学习者来说，他们可能经历较长的文化休克期，甚至一直持续下去。

学习动机是指学习者学习目的语的原因。学习者的学习动机可以分为融入型动机和工具型动机。融入型动机是指为了与目的语群体直接交流，更好地了解目的语的文化，希望成为其中的一员。工具型动机则是指将第二语言用作工具，以实现一些实际目标，如查阅资料、进行研究、寻找工作等。与将目的语作为工具的学习者相比，具有融入型动机的学习者对学习的渴望和热情更持久，学习效果也更显著，习得第二语言的速度也更快。

语言疆界渗透性是指学习者是否能够以开放的态度接受语言输入的意识。在早期的语言习得阶段，学习者并没有语言疆界，随着对第二语言的不断学习，语言疆界逐渐建立起来，形成了一个限制语言水平提高的障碍。学习者可能感到他们在某段时间内努力学习，但是水平没有明显提高，特别是在听力理解能力方面。然而，语言疆界并非不可克服，而是可以通过开放的态度来消除。学习者的开放程度越大、语言输入量越大，他们的语言水平提高的空间也就越大。

（三）“互联网＋教育”下英语教学中体现的第二语言习得理论

在“互联网＋教育”下，英语教学的第二语言习得理论主要体现在以下四个方面。

1. 交际语言教学法

强调语言是交际工具，语言学习应该注重交际能力的培养。在网络交流中，交际能力成了更为重要的能力，因此英语教师应该注重学生的交际能力的培养。

2. 输出假设理论

强调语言的输出是语言习得的重要环节。在互联网环境下，学生可以通过写作、发言等方式进行语言的输出，从而促进语言的习得。

3. 认知语言学习理论

强调学习者的认知能力对语言习得的重要性。在互联网环境下，学生可以通过网络资源进行自主学习和反思，从而促进认知的提升和语言习得的加速。

4. 任务型教学法

强调通过任务的设置和实践来促进学生的语言习得。在“互联网 + 教育”下，学生可以通过网络资源进行交流和实践，从而提升英语应用能力和交际能力。

总之，在“互联网 + 教育”下，英语教学应该注重学生的交际能力、语言输出、认知能力以及任务实践等方面的培养，促进学生对文化的理解和对语言的习得。

四、多元智能理论

（一）多元智能理论的内涵

多元智能理论是由美国心理学家加德纳（Gardner）在 1983 年提出的。加德纳在其理论中列出了七种智能类型，分别是言语 / 语言智能、音乐 / 节奏智能、逻辑 / 数理智能、视觉 / 空间智能、身体 / 动觉智能、自知 / 自省智能和交往 / 交流智能。当时，传统的智力测试主要以智商为标准，认为智商可以准确地衡量一个人的智力水平，而智力是一个单一的概念。然而，加德纳认为这种观点过于狭隘，忽略了人类在不同方面表现出的多种智能类型。

加德纳的多元智能理论得到了一些研究的支持。这些研究表明，人类确实有许多种不同的智能类型。例如，有些人在音乐方面表现出色，但在数学方面可能就不如其他人，这就表明了人们在不同方面具有不同的智能水平。

多元智能理论的出现也与教育改革的需求有关。传统的教育模式主要以语言和数学为核心，忽略了其他智能类型的发展，这种做法可能会限制学生的学习和发展。因此，多元智能理论为教育者提供了一个更全面的框架，使他们能够更好地了解学生的智能类型，从而更好地教育学生。

多元智能理论认为，人类不只是具有单一的智力因素，而是包含多种智能类型，每种智能类型都可以在特定的环境中发挥作用，对个体的学习、工作和生活产生影响。这一理论的内涵可以从以下四个方面进行说明。

（1）多元智能理论包含七种智能类型。这些智能类型不仅包括传统智力测试中的语言和数学方面的能力，还包括其他能力，如音乐、运动、社交等方面的能力。

（2）每个人在不同智能类型上都有自己的优势和劣势。多元智能理论认为，每个人在各种智能类型上的表现是独特的，每种类型的表现都可以在某些方面优于他人，也可以在某些方面劣于他人。因此，人们应该根据个人的特点和需求，发掘自己的优势并尝试弥补自己的不足。

（3）多元智能理论提供了一种不同于传统智力测试的评估方式。传统智力测试主要关注智商，而多元智能理论则通过评估每个人在各种智能类型上的表现，从而更全面地了解个体的智力水平。

（4）多元智能理论强调了个体差异的重要性。每个人都是独一无二的，他们在各种智能类型上的表现也不同。因此，教育者需要根据个体差异来制订个性化的教育计划，让每个人都能够发挥自己的优势并弥补不足。

总之，多元智能理论提出了一种全新的智能理念，通过它可以更全面、更准确地了解人类的智能类型，从而更好地评估个体的智力水平，制订个性化的教育计划，推动个体的全面发展。

（二）“互联网＋教育”下英语教学中体现的第二语言习得理论

在互联网时代，英语教育有了许多新的机遇和挑战，同时也为第二语言习得理论的实践提供了更多的可能。在“互联网 + 教育”背景下，英语教育提供大量的输入，第二语言习得理论强调学习者需要大量的语言输入才能习得语言。互联网为学习者提供了丰富的语言输入资源，如在线阅读、听力材料、社交媒体和在线视频等，学习者可以根据自己的兴趣和需要选择合适的资源进行学习，也可以通过英语的互动促进语言习得。语言互动是第二语言习得理论中的重要概念，通过与他人交流来提高自己的语言能力。互联网为学习者提供了多种交流途径，如在线聊天、语音通话、视频会议等，这些工具可以帮助学习者与全球各地的母语为英语的人士进行交流和互动。

另外，“互联网 + 教育”下的英语教学为学习者提供了大量的实践机会。第二语言习得理论认为，学习者需要通过模仿和实践来习得语言。互联网提供了许多英语学习平台，如在线课程、语言学习应用程序和网上论坛等，学习者可以在这些平台上通过模仿和实践来提高自己的语言水平。

“互联网 + 教育”下的英语学习是个性化的学习。第二语言习得理论认为，学习者的学习效果与其学习的背景、个性、认知等因素有关。互联网为学习者提供了更加个性化的学习方式，如根据学习者的兴趣和需求推荐学习资源、利用智能化技术对学习者的学习进度和效果进行分析和反馈等。总而言之，通过充分利用互联网资源，学习者可以更加有效地习得英语。

第二节　英语教学在“互联网 + 教育”中的教学理念

在“互联网 + 教育”背景下，英语教学的教学理念也发生了变化。英语教学在“互联网 + 教育”中的教学理念强调学生的主体性、学习动机、实践性、个性化和差异化以及英语文化与跨文化交流，这些理念可以帮助学生更加有效地学习英语。

一、强调学生的主体性

在传统的教学模式中，教师通常扮演着知识传授者的角色，学生是被动的接受者。而在“互联网＋教育”中，教师更多地扮演着指导者的角色，帮助学生主动地寻找知识、发现问题和解决问题，强调学生的主体性和自主学习能力。

（一）学生的主体特性

1. 学生具有主动性

学生是学习过程中的主体，具有自主选择、自我调节和自我控制的能力。学生能够通过自己的努力和积极性来获得更好的学习效果，同时能够在学习中反思和调整自己的学习策略与方法。

2. 学生具有差异性

不同的学生在认知、情感、行为等方面具有差异。学生的差异性可能受到文化、性别、年龄、经验等因素的影响，因此教师需要针对学生的个体差异，运用不同的教学策略和方法。

3. 学生具有合作性

学生不仅可以独立学习，也可以通过合作学习来获得更好的学习效果。在合作学习中，学生可以互相交流和合作，共同完成学习任务，从而提高学习效率和质量。

4. 学生具有情感性

学习不仅包含认知过程，还包含情感和态度的因素。学生的情感和态度会对学习效果产生重要的影响，教师需要在教学中关注学生的情感和态度，引导学生形成积极、乐观的学习情感和态度。

5. 学生具有发展性

学生的认知、情感、行为等方面是可以发展和改变的。教师应该在教学中注重促进学生的发展，提供适当的学习机会和挑战，让学生能够在学习中不断地进步和成长。

（二）英语教学在“互联网＋教育”中的学生主体性教学策略

1. 尊重学生的主体地位

首先，英语教师应当尊重学生的选择和意愿，鼓励他们在学习过程中自主选择和自主决策，给予学生更多的自主权和控制权。英语教师应当了解学生的学习需求和目标，帮助他们制订个性化的学习计划。在学习材料、学习时间和学习方式上，给予学生选择的机会。鼓励学生在学习中和学习结束后表达他们的意愿和想法，并确保他们知道自己的意见和选择得到尊重。英语教师需要根据学生的反馈进行调整和改进，以满足学生的学习需求。另外，英语教师还要尊重学生的个人隐私和个人空间，不要强制学生分享自己不愿意分享的信息或参加不愿意参加的活动。

其次，英语教师应当鼓励学生的自主探究和实践。英语教师应该鼓励学生进行自主探究和实践，提供适当的指导和支持，引导学生通过实践获得知识和技能，增强学生的主体意识。英语教师可以引导学生自主探究英语知识和文化背景，如通过阅读英语原版书籍、观看英语电影和电视剧、听英语歌曲等。英语教师还应该鼓励学生积极实践，通过设计各种实践活动，如英语演讲、辩论、写作、听力练习等，让学生在实践中运用英语知识和技能。

最后，英语教师应当为学生提供个性化的学习服务。英语教师应该根据学生的差异性，提供个性化的学习服务，为学生提供不同的学习方式和内容，满足学生不同的需求。英语教师需要深入了解学生的学习需求和兴趣，在课堂上或面对面沟通中，与学生交流并了解他们的所思所想，以便更好地调整教学内容和方式。针对学生的学习需求和兴趣，英语教师可以制订个性化的学习计划，包括针对不同学生的教学目标、教学内容、教学方式和教学评估等。在教学方式的选择上，英语教师可以选择不同的教学方式，如听力练习、口语训练、阅读练习、写作练习等，以适应不同学生的学习风格和学习节奏。

2. 创设互联网技术下的现代英语教学环境

（1）课堂英语教学环境的创设。英语教师可以通过以下措施来创设互联网技术下的现代英语教学环境。

首先，英语教师应当利用多媒体教学工具进行英语教学。英语教师可以利用多媒体教学工具，如投影仪、电子白板等，将图片、视频、音频等多媒体资源融入教学过程，从而丰富教学内容，提高教学效果。英语教师可以根据教学内容，制作适合自己教学风格的多媒体课件。课件可以包括图片、视频、音频、动画等多种元素，以更生动形象的方式呈现教学内容，提高学生的学习兴趣和积极性。英语教师可以利用互联网资源，如视频、音频、图片等，以及在线词典、语法学习网站等，将其整合到多媒体课件中，以更丰富多彩的方式呈现教学内容。

其次，硬件环境的打造促进学生产生主人翁意识。在一些以学生为中心的英语课堂上，将桌椅以圆形设置，这样在上课时学生可以围坐在一起进行交流学习，有利于学生进行合作与学习。一些英语教师还配备了计算机，方便学生查阅资料。除此之外，一些英语教师可以推广使用在线教学平台，利用在线教学平台设置课程、上传课件、布置作业、进行在线测试等，提高学生自主学习能力。在在线平台上，英语教师还可以展示作业，增进学生的线上交流。

（2）课外英语教学环境的创设。英语教师还可以利用互联网创设课外英语教学环境，如利用社交媒体与学生互动以及利用互联网资源辅助教学。

利用社交媒体与学生互动。英语教师可以利用社交媒体，如微信、QQ、微博等，与学生互动，提高学生的学习兴趣和积极性。例如，英语教师可以创建一个专门的英语学习微信群，邀请学生加入，并设置微信群公告，说明群的目的、规则和学习内容。英语教师可以在微信群里分享英语学习资源，如英语文章、英语视频、英语听力材料、英语词汇表等，帮助学生进行自主学习。互动方面，英语教师可以在微信群里组织各种学习活动，如学习小组讨论、英语角活动、英语电影欣赏等，激发学生的学习兴趣，提高学生的英语口语表达能力。在表达过程中，英语教师需要及时回答学生的问题，并纠正学生的英语错误。同时，英语教师可以鼓励学生在微信群里进行英语交流，这样也是提高学生口语表达能力的途径。

利用互联网资源辅助教学。英语教师可以利用互联网资源，如在线词典、语法学习网站、听力练习网站等，辅助教学，提高学生的学习效果和学习质量。英语教师可以推荐一些在线词典和翻译工具，以帮助学生快速查询单词的含义和用法，提高学生的英语阅读和写作水平。此外，一些优质的英语学习网站提供了丰富的英语学习资源，如新闻、音频、视频、文章、听力材料等，能帮助学生提升综合学习能力。

二、强调学生的学习动机

（一）学习动机

学习动机是学生学习的内部动力。学习动机可以是内在的，如个人兴趣、个人目标、个人成就感、自我效能感等；也可以是外在的，如奖励、惩罚、社会认可、压力等。学习动机对学生的学习过程和学习成果有着重要的影响。具有高度自主、积极的学习动机可以提高学生的学习意愿和学习投入，从而提升学生的学习效果和学习成绩；而消极的学习动机则会降低学生的学习意愿和学习投入，影响学生的学习效果和学习成绩。

作为英语教师，了解和重视学生的动机是非常重要的，因为学生的动机是影响其学习成果和学习效果的重要因素之一。因此，英语教师需要为学生创造积极的学习环境和学习氛围，提高学生的自主性和参与度，激发学生的学习兴趣和学习动机，从而更好地促进学生的学习和发展。

（二）英语教学在“互联网 + 教育”中的学生学习动机培养策略

1. 增强学生的学习体验

学生学习英语的体验对英语学习来说非常重要，学生如果获得良好的体验不仅可以增强学生学习英语的积极性和主动性，也能提升学生学习英语的效果。

英语教师可以通过使用幽默、诙谐的语言，以及与学生建立良好的关系，创造一个放松、舒适的学习氛围。这将有助于学生更好地参与和享受学习过程。在“互联网 + 教育”下，英语教师可以通过使用音频、视频、图片等多种教学资源来帮助学生更加生动地理解和记忆英语知识。音频、视频、图片等可以最大限度地刺激学生的感官，促进英语教学效率的提升。同时，英语教师可以运用教学媒体引导学生进行交流与互动。例如，英语教师可以借助多媒体开展小组讨论、角色扮演、游戏等活动，鼓励学生多用英语交流等方式，营造一个积极的学习氛围。

投其所好也是增强学生学习体验的方式之一。英语教师可以了解学生的兴趣与爱好，了解他们喜欢的学习途径，将学习内容与学生的兴趣相结合。例如，如果学生喜欢音乐，英语教师可以使用英语歌曲或者音乐类的教材来提高学生的学习兴趣。学生群体喜欢游戏和竞赛，英语教师可以通过游戏和竞赛来吸引学生的注意力，激发他们的兴趣。例如，设计英语单词游戏或口语比赛，让学生在游戏和竞赛中学习英语，提高他们的学习兴趣和体验。当学生取得进步时，及时赞扬和鼓励他们，这可以增强学生的自信心和学习动力。

2. 提升学生学习英语的成就感

要提升学生学习英语的成就感可以提出明确的目标，以目标的完成来提升学生学习英语的成就感。一般来说，目标导向指导下的英语教学包含以下步骤：明确教学目标、制订教学计划、提供实用教材、创设情境、提供反馈和评价。

明确教学目标阶段，英语教师需要在教学开始前明确教学目标，让学生清楚地知道要学什么、为什么要学以及学到什么程度。这可以帮助学生更好地理解和把握学习重点。英语教师还可以设置相关的奖励，如评定星级、颁发证书等，当学生达到目标时，可以得到相应的奖励。制订教学计划阶段，英语教师需要制订一份详细的教学计划，包括课程内容、学习活动、评价方式等。这可以帮助英语教师更好地控制教学进度，确保学生能够在规定时间内达到既定目标。提供实用教材阶段，英语教师需要为学生提供实用的教材，如与学生年龄和英语水平相适应的教材，以及包含真实语言材料的教材。这可以帮助学生更好地掌握英语知识，提高学习效果。此外，英语教师还可以制作与学生英语水平及相符的多媒体课件，帮助学生全面学习英语。创设情境阶段，英语教师需要通过创设情境来激发学生的学习兴趣。例如，让学生通过角色扮演来学习英语，或者利用互联网音视频素材来创设真实的语言环境。这可以帮助学生更好地理解和运用英语知识。提供反馈和评价阶段，英语教师需要在学生完成学习任务后及时给予学生反馈和评价。英语教师可以采用多种评价方式，如口语测试、写作作业、听力测试等，让学生及时了解自己的学习效果，从而调整学习策略，提高学习效果。

需要指出的是，学生的成就感有大有小，可以概括为即时成就感和长久成就感。即时成就感贯穿目标任务各环节，当完成一个阶段时，英语教师可以给予表扬、鼓励等及时强化其学习成果。长久的成就感是学生完成了一整套的环节来实现的学习目标，这将成为长久的动力帮助学生获得对英语学习的成就感。

3. 促进学生英语自主性学习

自主性学习是指学生在学习过程中拥有更多的自主决定权和控制权，可以自由选择学习的方式和内容。这样的学习方式可以提高学生的学习积极性，增强学生的学习动机，因为学生可以更加自主地决定学习的目标、方式和进度，从而感受到更大的成就感和自我肯定。相反，如果学习过程中缺乏自主性，学生可能会感到学习无聊和乏味，失去学习的动机。此时，学习成就感可能会下降，学生的自信心和兴趣也会受到影响。自主性和学习动机之间存在密切的关系，自主性的增强可以促进学生的学习动机的增强，从而提高英语学习成绩，更好地掌握英语学科的知识和能力。

英语教师促进学生英语自主性学习可以通过以下两个途径。

（1）培养学生英语的问题意识。问题意识是指一个人对周围环境和自身状态的关注和敏感度，以及对遇到的问题进行分析、解决的能力。在英语学习中，问题意识指的是学生对英语学习过程中遇到的问题、困难或障碍的认识和反应能力。在英语学习中，培养学生的问题意识具有重要的作用，问题的提出可以引导学生进行积极探索，对提高学习兴趣、自学能力、学习质量、学习效率有积极的意义。

首先，英语教师可以先提出问题，然后引导学生积极思考并学会寻找答案的方法。例如，英语教师在教授主题是健康饮食的内容时，可以提出一些问题，让学生阅读后回答，如“What is the main idea of the article?”“What are some benefits of eating a healthy diet?”“What are some examples of healthy foods?”“What are some unhealthy foods that should be avoided?”这样的练习可以培养学生的阅读理解能力，使其养成问题意识，同时可以提高他们的词汇量和语法水平。在练习过程中，英语教师可以给予适当的指导和反馈，帮助学生进一步提高英语能力。

其次，英语教师还要给学生提供实践机会。英语教师可以根据学生的年龄、英语水平和学习目标等，设计一系列符合实际情况的实践活动，让学生在实际生活中使用英语，如在日常生活中进行英语对话或者阅读英语材料，这样学生就能够更深入地了解英语中存在的问题，同时能更好地解决这些问题。

在教学中，英语教师可以通过组织英语辩论比赛增强学生英语的组织与运用能力。英语教师可以选择一些有争议性的话题，如“学生上学是否可以使用手机”，并规定辩论的时间、发言人数、发言时间等规则。之后将学生分成小组，让他们自行组织讨论和准备辩论材料。英语教师可以提供一些参考资料、范例和指导，以帮助学生准备辩论材料和提高辩论能力。在比赛中，每个小组派出代表陈述本组观点，然后进行辩论。英语教师可以扮演裁判或评委，评估每个小组的表现，并给出建议和反馈。通过这种实践活动，学生不仅可以在实践中提高英语口语能力、听力和辩论能力，还可以锻炼团队合作能力和逻辑思维能力，更好地掌握英语知识和技能。

最后，英语教师应当培养学生的反思能力。例如，一个学生在学习英语时发现自己的口语表达能力较差，经常会出现错音等问题。如果这个学生具有反思能力，他会意识到自己存在口语表达方面的问题，并开始思考如何解决这个问题，如通过大量练习口语、听力、发音等来提高自己的口语表达能力。同时，他也会主动向老师、同学请教如何更好地提高口语表达能力的方法和技巧，从而逐步解决这个问题，提高自己的英语口语能力。

（2）引导学生制订学习计划，并制订可行性行动。制订学习计划对学习英语有着积极的意义。例如，可以确定学习目标和方向，从而可以更加明确学习重点和难点；可以安排好学习时间，合理分配时间，使学生提高自律性，更加自觉地进行学习，从而提高学习效率；可以跟踪学习进度，及时发现问题并进行调整；可以培养学习方法和策略，进一步提高学习效果；可以增强学习兴趣，提高学习动力；可以在实现学习目标的过程中提升自信心和自我管理能力。

因此，英语教师应当引导学生制订学习计划，并且在制订学习计划时需要遵循客观性、科学性的原则。例如，英语教师指导学生制订练习英语口语的计划。英语教师需要和学生一起明确他们的口语目标，如是想要提高英语口语能力还是扩大词汇量等。在明确口语目标后，和学生一起制订一个切实可行的练习计划。计划需要包含具体的练习内容、时间安排和练习方法等。对于这个目标的实现需要确定可行性途径，如指导学生养成定期练习的习惯等。在方式上，英语教师要鼓励学生进行多样化的口语练习，包括发音练习、角色扮演、讨论练习、背诵练习等。另外，英语教师需要定期跟踪学生的练习情况，评估他们的进展，并根据实际情况对学生的学习计划进行适当的调整。在练习过程中，针对学生练习口语的情况和进度，给予学生及时的反馈和鼓励，帮助他们更好地理解和掌握英语口语知识和技能。

三、强调学生的实践性

在“互联网＋教育”中，学生可以通过各种在线工具和应用程序进行英语学习。这些工具和应用程序通常具有实践性，可以帮助学生更好地掌握英语技能。英语教师可以利用这些工具来增强学生的实践性，使学生通过实践性学习更好地掌握语言技能，如口语表达、听力理解、阅读理解、写作能力等。在实践性学习中，学生可以将所学的语言知识应用于实际场景中，从而更好地理解和掌握语言技能。

1. 重视在线工具和应用程序的实践

在选择在线工具之前，先了解学生的需求和兴趣，这样可以选择最适合他们的工具。在介绍在线工具和应用程序之前，英语教师需要充分了解各个软件的性能，介绍学生可用的在线工具，让他们了解工具的功能和用途。英语教师需要向学生演示如何使用在线工具，可以通过演示视频或直接展示操作步骤来完成。在教会学生之后，教学需要与学生一起使用在线工具，让他们亲身体验工具的效果，英语教师可以在班上使用课堂时间进行相关的操作，学生与教师一起使用的优势在于英语教师可以及时反馈学生的意见，帮助学生解决工具问题。英语教师还应当鼓励使用在线工具，如用软件制作自己的题库或检查自己的作文等，这些都能提升学生英语学习的效率。

2. 重视学生英语综合能力提升的实践

学生英语综合能力的提升可以通过口语交际训练、阅读理解练习、写作训练等多种方式。英语教师可以组织实践性活动，如英语演讲比赛、英语写作比赛、英语视频制作等，让学生通过实践来提高英语综合能力。例如，英语教师可以在班级内组织一个英语广播活动，让学生进行听说读写的综合训练。首先，英语教师可以邀请学生担任“主持人”和“嘉宾”，让他们进行英语口语训练，如询问嘉宾的爱好、讲述班级最近的活动等。其次，英语教师可以安排学生进行英语新闻的阅读和播报，提高学生的阅读和口语表达能力。接下来，英语教师可以组织学生收听英语广播或播放英语听力材料，让学生进行听力理解。最后，英语教师可以让学生进行英语写作练习，如撰写新闻报道、广播稿等。这样的“英语广播”活动可以提高学生的英语听说读写能力，让学生在实践中学习英语，增强学生的英语实际应用能力，提高学生的英语综合素质。同时，学生在参与活动过程中也可以提高自信心，增强团队合作能力。

四、强调学生学习的个性化和差异化

在传统的教学模式中，英语教师通常按照相同的教学进度和教材进行教学，忽略了学生的个性化需求和差异化特点。而在“互联网＋教育”中，学生可以根据自己的需求和兴趣进行自主选择和学习，英语教师也可以根据学生的差异化特点进行个性化教学。

强调学生学习的个性化和差异化应该针对不同个体的学习特点和差异，制订不同的教学方案和策略，以达到较好的学习效果和成果。个性化学习可以帮助学生更好地理解和掌握知识，提高学习兴趣和效率，减少学习焦虑和挫败感。个性化学习可以通过教师的指导、诊断测试和自适应学习系统等方式来实现。差异化学习则是基于不同学生的学习能力、兴趣、经验等方面的差异，针对性地调整课程内容、教学方式和评价标准，以满足不同学生的学习需求，进而提高学习效果。差异化学习可以通过分层教学、个别化辅导等方式来实现。个性化和差异化学习不仅可以提高学生的学习效果，还可以促进学生的自主学习和思维能力的发展。在未来的教育和培训中，个性化和差异化学习将越来越得到重视和应用。

英语教师可以通过问卷调查、小组讨论等方式，了解学生的学习兴趣、学习风格、学习难点等方面的信息，以便更好地针对学生的需求组织英语教学内容，开展英语教学。此外，英语教师可以根据学生的英语水平和学习进度，调整教学内容的难度，将学生分成不同层次的小组进行教学，以确保每个学生都能在适当的层次上取得进步。在教学方式上，英语教师可以采用多元化的教学方式，如游戏、角色扮演、实验、听力练习等，借助互联网技术，以满足不同学生的学习需求和兴趣。由于学生之间存在着差异性，英语教师需要为学生提供个别化的辅导，帮助他们解决学习中遇到的问题和困难。这种辅导可以通过面对面的教学，也可以通过在线课堂等方式。个性化、差异化与自主学习有着千丝万缕的关系，英语教师可以鼓励学生进行自主学习，提供多样化的学习资源和平台，让学生根据自己的兴趣和需要进行选择和学习。

五、强调跨文化交流

英语作为一种语言，英语教师需要强调文化差异，应该教授学生不同文化间的差异性，包括词汇、语法、表达方式、文化内涵等。英语教师还应该鼓励学生接触不同文化，了解不同文化间的相似性和差异性，从而增强学生的文化意识。在“互联网 + 教育”中，学生可以通过各种在线平台和社交媒体进行英语学习，这些平台和媒体可以帮助学生和母语为英语的人进行交流和互动，强调学习的协同性和互助性。

在“互联网 + 教育”下，英语教师在教学过程中需要从以下三个方面来强调跨文化交流。

（一）跨文化意识培养

英语教师可以通过教学材料和案例，引导学生认识和反思跨文化交流中的文化差异，了解如何避免文化冲突和误解，并且学习如何处理跨文化交流中遇到的挑战。

（二）跨文化沟通技巧

英语教师应该教授学生跨文化沟通的技巧和策略，如何理解不同文化背景的人所表达的意思，如何使用正确的语言和礼仪，如何正确解读和回应跨文化交流中遇到的困难和问题。

（三）跨文化教学策略

英语教师应该根据英语的不同文化背景和需求，采用适当的跨文化教学策略和方法。针对不同语言和文化，英语教师可以采用不同的案例、背景和文化活动，以促进学生的跨文化交流能力。

第四章　英语教学在“互联网 + 教育”中的内容建构

第一节　根基积累——基础知识教学

英语基础知识教学的内容包括英语词汇教学和语法教学。在“互联网 + 教育”中，英语基础知识教学的形式发生了变化，呈现出了全新的形式。

一、英语词汇教学

（一）英语词汇教学的基本内容

1. 词汇的定义

词汇是指一种语言里所使用的词和固定词组的总称。在语言学中，词汇通常被定义为语言中的基本单位，它们是由语音、形态、意义和用法组成的。词汇也可以扩展到习惯用语、俚语、成语、缩略语和外来语等非正式或特殊用途的词汇。对于学生来说，扩大词汇量是提高语言能力的关键之一。

英语中的单词按照不同的性质可以划分为不同的词类（也称为“词性”），每个词类有其特定的形态和用法。

（1）名词（noun）。名词用来表示人、地方、事物、概念等物体的名称，一般用作主语、宾语、补语、定语等。例如，dog（狗）、book（书）、university（大学）、happiness（幸福）、idea（想法）。

（2）动词（verb）。动词用来表示动作、状态等，一般用作谓语。例如，run（跑）、eat（吃）、love（爱）、think（思考）、believe（相信）。

（3）形容词（adjective）。形容词用来描述名词或代词的性质或特征，一般用作定语或表语。例如，happy（快乐的）、big（大的）、red（红色的）、smart（聪明的）、interesting（有趣的）。

（4）副词（adverb）。副词用来描述动词、形容词、其他副词或整个句子的性质或特征，一般用作状语。例如，quickly（快速地）、very（非常）、now（现在）、never（从不）。

（5）代词（pronoun）。代词用来代替名词，一般用作主语、宾语、定语等。例如，he（他）、she（她）、they（他们）、it（它）、this（这）。

（6）冠词（article）。冠词用来限定名词的范围，分为定冠词和不定冠词。例如，the（定冠词）、a/an（不定冠词）。

（7）介词（preposition）。介词用来表达时间、空间、方向、原因等关系，一般用来作为介词短语的组成部分。例如，in（在……之内）、on（在……上面）、at（在……处）、by（靠近）、with（带着）。

（8）连词（conjunction）。连词用来连接词语、短语或句子。例如，and（和）、but（但是）、or（或者）、if（如果）、because（因为）。

以上是英语中常见的词类，还有一些其他的词类，如感叹词、数词等。不同的词类有其不同的形态和用法，掌握词类对于学习英语语法和提高语言能力都是非常重要的。

除了按性质划分之外，英语中还有使用较多的、意义明确且生命力较强的基本词。

词汇是英语的三大要素之一，英语教学需要以词汇教学为基础。语言如果离开了词汇也不能称为语言，就好比建造一栋大楼，如果没有建筑材料，即使其他方面都已具备，大楼也无法建成。而词汇正是建筑材料。英语学习正是要通过读写背来掌握大量的词汇。英语词汇的掌握可以从深度和广度两个方面进行分析：深度掌握上，深度掌握意味着学生能够完全理解单词的意思和用法，并且能够正确运用单词。深度掌握要求学生掌握单词的多个含义、同义词和反义词，以及词组、短语和惯用语等。广度掌握上，广度掌握意味着学生能够识别大量的单词，并且能够在需要时使用它们。广度掌握要求学生掌握足够多的单词，以便在不同的语境中理解和使用它们。

2. 英语词汇教学的意义

（1）提高学生的交流能力。词汇是语言交流的基础。学生掌握足够的英语词汇，能够更流利地表达自己的想法和观点，从而更好地与他人交流和沟通。如果学生没有足够的词汇量，就难以用准确的词汇来描述自己的想法和观点，也难以在交流中充分表达自己的意见。另外，拥有足够的词汇量可以帮助学生更快地交流。当学生能够迅速选择正确的词汇来表达自己的意思时，交流效率会大大提高。

（2）提高学生的阅读能力。阅读是学习英语的重要环节之一。拥有丰富的英语词汇量能够帮助学生更好地理解和掌握文本，并提高阅读速度和效率。学生掌握了足够的词汇量，才能准确地理解文本中的词汇。如果学生不熟悉文本中的词汇，可能会导致对整个句子或段落的理解出现困难，从而影响阅读理解的能力。学生需要有一定的词汇推测能力，能够从上下文中推测出词汇的含义。在阅读过程中，学生经常会遇到一些不熟悉的词汇，此时如果能够根据上下文推测出其含义，就可以更好地理解文本。

（3）提高学生的写作能力。英语词汇的使用对于英语写作非常重要。丰富的词汇量可以使学生的表达更加准确和生动，并使写作更加具有表现力。如果学生不熟悉文本中的词汇，可能会导致对整个句子或段落的理解出现困难，从而影响阅读理解能力。学生通过学习词汇能够从上下文中推测出词汇的含义。在阅读过程中，学生经常会遇到一些不熟悉的词汇，此时如果能够根据上下文推测出其含义，就可以更好地理解文本。

（4）提高学生的听力和口语能力。词汇的掌握对于提高英语听力和口语能力也至关重要。学生需要了解不同的词汇，以便更好地理解他人所说的内容，并且可以更流利、更自信地表达自己的想法和观点。

总之，英语词汇教学是英语学习中的重要环节之一，对于提高英语交流能力、阅读能力、写作能力、听力和口语能力都有重要的意义。

3. 英语词汇教学的内容

要讨论英语词汇教学必须讨论词汇教学的内容。词汇教学主要涵盖四个方面的内容。

（1）词汇意义。由于汉语与英语之间有着较大的差别，从语义角度看，一些词汇的含义及外延有着本质的区别，因此词汇教学的首要任务就是让学生清楚所学词汇的含义。词汇意义需要借助一定的语境才能表达出来，尤其受词汇上下文语境的影响。在教学过程中，英语教师需要利用不同的教学方式让学生了解词汇意义与语境的关系。例如，“pick up”在下列不同的语境中使用的词汇意义是不同的。

Can you pick up some groceries on your way home?

你在回家的路上能顺便买些杂货吗？

I'll pick up the phone and call her right now.

我现在就拿起电话给她打电话。

He's going to pick up his dry cleaning after work.

他下班后要去取干洗的衣服。

We should pick up the pace if we want to finish on time.

如果我们想按时完成，就应该加快速度。

She's trying to pick up a new skill by taking on line classes.

她尝试通过网上课程学习一门新技能。

英语教师需要在教学过程中有意识地引导学生，掌握不同语境下的词汇意义，这样学生就可以灵活运用这些词汇的不同含义实现恰当的表达。一些词汇意义对于学英语的人来说会感到些许困惑，需要学生进行强化，分辨他们的词形和词义。例如，词形相似的词语 compliment 和 complement 在发音上也很相似，但是它们的意思完全不同。compliment 是表示称赞或恭维的意思；而 complement 则表示补充或完善。their、there 和 they're：这三个单词的发音也很相似，但是它们的拼写和意思都不同。their 是形容词性物主代词，表示“他们的”；there 是副词，表示“在那里”；而 they're 则是 they are 的缩写形式，表示“他们是”。

有的单词的词义相似，如 happy、glad、delighted 这三个单词都表示高兴、愉快的情绪。happy 可以形容任何人的快乐；glad 比 happy 更强调原本不太确定的情况下的快乐；delighted 则表示非常高兴，情绪很强烈。big、large、huge 这三个单词都表示大小的概念，但程度有所不同。big 比较常用，可以形容各种大小程度的物品；large 比 big 更强调尺寸的大，但不太强烈；huge 则表示非常大，非常强烈。famous、well-known、renowned 这三个单词都表示著名的意思。famous 比较普通，可以形容各种人或事物；well-known 则表示广为人知的，也指名气比较大；renowned 则表示非常著名，是形容人或事物极有声望的用词。

英语教师在教学过程中需要着重强调这些词形和词义相似的单词，在教学过程中要经常对这些词进行辨析，及时回答学生的疑问。

（2）词汇场合。“词汇场合”是指使用词汇的特定情境或语境，包括词汇的搭配、习语、短语、语域、风格等。在不同的场合中，相同的词汇可能会有不同的含义或用法。例如，“bank”可以用来描述河岸，也可以用来描述金融机构。在不同的场合中，这个单词的意思和用法都可能会发生变化。

在语言学中，理解词汇场合非常重要，它有助于人们正确地理解和运用词汇。同一个词汇在不同的场合中，可能会有不同的词性、语法功能或意义。因此，了解词汇的不同场合可以帮助人们更准确地理解和表达。

（3）词汇信息。词汇信息是词的基本信息，主要包括词类、词的前缀、词的后缀、词的发音以及拼写等内容，这些也是学生应当掌握的基本信息，如词汇中常见的前缀和后缀词语。

①常见的前缀如下：

un-：表示否定或相反的意思，如 unhappy（不开心的），unfair（不公平的）。

re-：表示重新或再次的意思，如 rewrite（重写），return（返回）。

pre-：表示在之前或在之前进行的意思，如 preview（预览），prefix（前缀）。

post-：表示在之后或在之后进行的意思，如 postgraduate（研究生），postpone（推迟）。

dis-：表示分开或不同的意思，如 disconnect（断开连接），dislike（不喜欢）。

②常见的后缀如下：

-ly：表示以某种方式的意思，如 quickly（快速地），happily（幸福地）。

-ful：表示充满或具有某种性质的意思，如 beautiful（美丽的），hopeful（充满希望的）。

-less：表示没有或缺乏某种东西的意思，如 hopeless（无望的），fearless（无畏的）。

-er/-or：表示某种职业或身份的意思，如 teacher（教师），actor（演员）。

-ment：表示行为或状态的意思，如 development（发展），enjoyment（享受）。

（4）词汇用法。词汇有不同的用法，如名词是否可数、动词是否及物等。

要掌握词汇，并不是记住它的意思，而是能够将其灵活地运用于不同的语境中，这才是真正掌握词汇。

（二）利用互联网进行英语词汇教学的优势

在英语词汇教学中加入互联网，改变了以往的英语词汇教学模式，形成了全新的词汇教学过程，使词汇教学更具个性化。总结起来，“互联网+教育”下英语词汇教学的优势包括以下三点。

1. 提高学生学习词汇的效率

当学生运用不同感官感知到的信息会加深记忆，互联网为学生提供了集声音、动画、文字等于一体的内容，大大地拓展了学生记忆的渠道，学生不仅从视觉上记忆，也可以通过听觉记忆，这种方式明显要优于单纯的视觉记忆和听觉记忆。为此，英语教师可以将词汇通过互联网技术呈现出来，将词汇放在不同的语境之中，增强学生对词汇的辨识度，帮助学生更清楚地记忆词汇。

利用互联网，英语教师可以向学生展示同一词汇在不同的语境中的呈现，这种呈现大大提升了学生的记忆能力，有助于学生对词汇意义的建构，学生学习词汇的效率也会大大提升。

2. 提高学生对词汇的认知

“互联网+教育”下的英语词汇教学与传统的词汇教学相比在信息和材料上有了很大的改善。在传统的词汇教学中，英语教师和学生使用的学习信息和材料都是相对固定的，主要围绕相关的教材和大纲范围开展教学，可以说英语教师是机械地教，学生是被动地学。而互联网的介入，改变了这一模式，使传统的词汇教学在认知层面发生了改变，学生获取英语词汇信息的渠道增加，无形之中增加了学生的词汇量。

此外，互联网还打开了学生认识英语背后文化的大门。学生通过互联网对英语国家的文化、人文、风俗、政治、经济等进行了解，从而理解词汇意义。这样可以提升学生学习英语的兴趣。在互联网背景下，学生接触到的词汇非常广泛，且有具体的语境，这样更能掌握词汇的本义及引申义，全面地认识词汇意义。

3. 提高学生掌握词汇的时效性

互联网技术支持下的英语教学可以为学生创设一个良好的语言环境，对学生提升词汇的认知与运用能力有重要的意义。互联网技术下的英语教学与传统英语词汇教学相比，更加灵活、多样、声情并茂，这在一定程度上提高了学生的学习兴趣，拓宽了学生的眼界，提升了学生学习词汇的能力及素质，使学生能够在较短的时间内掌握词汇。此外，这些英语词汇通过互联网，超越了时间和空间的限制展示给学生，使学生获取词汇的速度更快，效率更高。

（三）利用互联网进行英语词汇教学的方法

1. 强调词汇知识的多种方式的学习

英语教师可以使用音频、视频、图片等多媒体手段来呈现词汇，加深学生对词汇的理解和记忆，也可以利用互联网技术给学生足够的语言信息，这样学生就可以使用这些语言信息进行交流。也就是说，英语教师需要在互联网技术的帮助下为学生创设多个语境，形成更多的语义网来不断增加学生的英语词汇量。当前网上存在很多的网站，这些网站都可以促进学生学习和练习词汇，无论用网站测试词汇量还是测试阅读理解能力，都是不错的选择。

通过听音频的方式也可以强化对词汇的学习与巩固。当下许多的学习资料包含着音频，学生可以根据需求自主下载进行学习。例如，在线字典、网络搜索引擎等都可以帮助学生学习和掌握词汇。

在词义辨析上，英语教师可以通过互联网促进学生对词汇的掌握，使学生更好地把握词汇的上下义关系、语体风格以及感情色彩。例如，在辨析同义词的时候，英语教师可以将相关词语都搜索出来，再将其区别与用法以图表的形式展现给学生，同时通过文本与声音来展示例句，

让学生进行区分，强化记忆。

2. 注重学生自主学习能力的培养

英语教师可以利用互联网将设计英语学习的词汇知识、词汇学习要求、词汇测评内容等制成课件放在Web服务器上，不同水平的学生根据自己的情况可以自主选择学习时间和学习内容，在学习方式上，学生可以通过浏览一些针对性的网页来完成英语词汇的学习。

学生完成一个阶段的学习之后可以进入下一个阶段的英语学习，无论哪个阶段的学习都需要学生自己监控自己的学习。在学习过程中，互联网对学生的学习不仅起着激励的作用，互联网所提供的丰富的网络资源及空间也大大增加了学生学习词汇的机会。学生在这种学习方式下也能找到学习兴趣，更加积极主动地去学习英语。

3. 加强对学生的监督，实现积极互动

现代社会，互联网已经成为人们生活的重要组成部分。互联网运用到教学管理上表现为教学方式和教学效率的提升。英语教师不仅可以在课堂上监控学生的学习，在课下也能通过互联网实现与学生随时随地沟通。一方面，英语教师可以加强对学生的监督，了解学生的需求，及时调整方法与策略；另一方面，英语教师与学生之间的关系进一步密切，有助于学习效率的提升。常见的互联网交流形式有电子邮箱、微信群等，英语教师可以与学生随时保持联系，及时调控教学内容。

二、英语语法教学

（一）英语语法教学的基本内容

英语语法教学的内容主要包括词法、句法、章法三个方面的内容。语法的学习有助于学生对英语句子的理解。

1. 词法

英语词法是由构词法和词类构成：构词法主要讨论的是英语的不同

词缀和词的转化、派生、合成等内容；至于词类，按照状态划分可以分为动态词和静态词。当然这一标准的划分是相对的，不存在绝对静态词。例如，英语的形容词有比较级和最高级的变化，名词可以发生数、格、性等的变化。动态词主要包括动词以及直接与动词相关的语态、时态、分词、动名词、不定式、情态动词、助动词、虚拟语气、不定式等。

2. 句法

英语的句法教学主要包括三个方面的内容——句子成分、句子分类以及标点符号的教学。

句子成分主要包括的是主语、谓语、宾语、定语、状语、表语、补足语、同位语以及独立成分。

句子按照不同的标准可以划分为不同的类别。按照句子结构不同可以分为简单句、复合句、并列句；按照句子表达的目的不同可以分为陈述句、疑问句、祈使句、感叹句。

标点符号也是英语句法教学的重要部分，对句子的理解有重要的意义。由于英语语法在知识上呈现出零散性，英语教师在进行语法方面的教学时，需要把握英语语法的体系，系统地向学生教授语法内容。

3. 章法

章法是建立在词法、句法学习的基础上的，是英语学习的深入阶段，当掌握了英语的基本语法知识后，可以进行章法的教学。章法的教学内容主要包括句子与句子之间的逻辑关系，整个文章的逻辑结构。

例如，表示比较对照的词语有 by contrast、by comparison、unlike 等，表示顺序的词语有 first、second、then、finally 等，这些都是英语章法方面的内容。

由于英语的语法学习存在着内容繁杂的特点，且学生在语法学习和使用中也比较困难，因此，英语教师在语法教学过程中需要围绕语法知识与语法技巧展开。

（二）利用互联网进行英语语法教学的优势

传统的语法教学内容较为陈旧，且语法教学的方法单一，学生的语言运用和写作应用呈现出刻板现象。

与传统的英语语法教学相比，利用互联网进行语法教学的优势主要包括以下四个方面。

1. 具体、直观、形象地展示语法知识

互联网应用下的英语语法教学可以在一定程度上拓展语法教学内容，且能够借助多媒体以图片、声音、文字、视频的形式将抽象的语法知识展示出来，也就是能够将一些看似枯燥的语法知识具体、直观、形象地展示给学生，从而引起学生的兴趣，提高学生学习语法的积极性。

2. 促进教学形式和教学资源的多样化

在互联网背景下，英语教师在开展语法教学时可以尝试将课堂教学与课外教学进行衔接，在语法教学活动上的设计也呈现多样化，这样有助于激发学生的兴趣，将听说读写等能力全方位调动起来，促进学生英语综合水平的提升。另外，在教学资源的利用上，依靠互联网技术也实现了英语语法教学资源的多样化，尤其是互联网具有海量的语言学习资源，为教学资源多样化提供了前提条件。

3. 提高情境教学效率

在互联网技术的支持下，英语教师可以通过互联网为学生提供真实的教学情境，从而提升语法学习的效果。

4. 提高教学互动的频率

依托互联网，学生不仅可以在课堂上进行语法学习，还可以通过互联网实现远程讨论与交流，使教师与学生、学生与学生之间的互动越来越多，在一定程度上提升了英语语法教与学的效率。

（三）利用互联网进行英语语法教学的方法

1. 创设真实的英语情境

语法需要从语言形式、意义、使用三个方面切入，因此语法的学习不仅要求学生掌握具体的语言形式及意义，也要学会将其运用到具体实际中。英语教师依托互联网技术，可以创设真实的英语情境，帮助学生内化语法知识，并且引导学生进行语法的创造性输出。

英语教师利用互联网还可以播放语法教学内容涉及的相关对话、图片等。例如，在讲解现代进行时的语法内容时，有的英语教师将学生的日常生活拍摄成照片，然后通过多媒体展示给学生，这样帮助学生理解当下做的事，也就是"正在进行时"，只有与学生的日常生活联系在一起，增强学生的体验感，学生才能对内容更明白，才能更熟练地将语法运用到实际的英语中。英语教师还可以推荐学生观看外国影视作品，深入理解所学的语法知识点，这样学生能通过观看影视作品来了解语法的应用，一些真实的英语情景对话也能帮助学生学习英语语法。

2. 让课件呈现出系统的语法及详细的语法知识点

英语教学中，学生如果对教学内容产生兴趣或者好奇有助于提升学生学习英语的积极性，因此，英语教师需要利用一些手段，将知识生动、形象地展示给学生，而网络多媒体就是代表，英语教师可以利用多媒体技术将系统的语法以及详细的语法知识点展示给学生。

例如，英语教师在讲授一般过去时、正在进行时的知识点的时候，需要将 -ed、-ing 形式使用不同的颜色进行区分，也可以利用一些音频资料呈现给学生，这样学生将注意力集中于内容学习上，还能进一步总结，实现举一反三。一些特殊动词，如 see、think 等，这些词语因为比较特殊，可以用图表的形式向学生展示，以增强学生的记忆。

3. 坚持听、说、读、写相结合

英语语言的学习需要全面学习和提升，因此，英语语法教学一定是听、说、读、写相结合的结果。英语教师需要利用互联网的优势，将语法知识与学生的其他技能结合起来，帮助学生进行语法知识与应用能力的内化，这样可以提升学生的语法综合运用能力。

英语教师可以在课堂上为学生提供一个听力材料的片段，并认真分析，在播放所有的听力片段之后，要求学生将不完整的部分补充完整，这样可以锻炼学生的语言能力。完成这一教学环节之后，英语教师还可以组织学生进行跟读训练，锻炼学生的发音。在高级阶段，学生可以就这些话题展开英语讨论，提升学生的听说读写能力。总而言之，在互联网的帮助下，英语教学可以大大提升学生的听说读写能力，当然前提是英语教师需要有意识地对学生的这四项能力进行强化训练，这样才能提升语法教学的效果。

第二节　能力提升——基本技能教学

英语学习是一个综合性较强的学科，需要培养学生多方面的语言技能，因此，英语教师在展开英语教学时应当重视学生的口语、听力、阅读、写作、翻译能力。作为一名英语教师，其应当利用互联网技术来提升自身的基本技能教学。

一、利用互联网提升学生的口语能力

（一）英语口语能力相关内容

英语口语相关的内容主要包含语音、词汇、语法、谈话技巧等。

1. 语音

学习英语需要掌握相关的语音知识，提升语音能力，这是英语口语训练的基础。相关的语音知识需要学习，以此来构建属于自己的语音知识结构，这样可以有效提升口语水平。英语的语音知识概括起来有以下知识要素，如表 4–1 所示。

表4-1 英语语音的知识要素

知识要素	具体内容
音素对比	由20个元音和28个辅音组成
读音规则	（1）元音字母及其组合的读音 （2）辅音字母及其组合的读音 （3）常见词首、前缀及词尾、后缀的读音 （4）单词的重读规则
省略	有些词汇在读的过程中，元音可以保留或者省略，如“t”
不完全爆破	如果爆破音后紧跟着另一个爆破音或者破擦音时发生的发音现象，前一个音只是做好准备发的姿势，短暂停顿后迅速发出下一个爆破音或者破擦音
同化	某个音受邻接的音的影响而发生读音变化，变成与邻接的音相同或相近
弱读式	单词在句子中的读音分为弱读式和强读式，弱读式的出现是为了凸显句子中重要的词或者应当强调的词，这样句子富有节奏感
音的长度	长元音和双元音的长度较长，辅音中的爆破音非常短促
连续	在句子和短语的发音中，相邻的词之间的语法关系密切，可以一口气练习，也就是前一个词的词尾的辅音与后一个开头的词的元音拼读
句子意群	在英语句子的朗读和会话中，说话者为了使听众听清楚和让自己换气，就会运用意群划分的停顿，它是指一个单词或者几个词，按照语法关系密切程度分隔开来的停顿
句子重音	句子的重音，对于表达情感、态度和意义的交际功能起到重要作用，因为它强调重要的词
句子节奏	节奏是英语句子里重音之间的间隔时间相等和相似，像唱歌打拍子之间的间隔一样
句子语调	讲话时声调高低的变化，表达隐含意义和态度等交际功能，它有常用的三种：降调表达确定，升调表示不确定和不完整，降升调式表示言外之意

2. 词汇

词汇也是英语口语练习的重要组成部分，如果学生的词汇量积累不足，则会影响英语的输出。足够的词汇量是英语输出的前提条件，只有具备了充足的词汇量，才能实现口语交际。因此，英语教师在开展教学过程中一定要强化学生的英语词汇的积累，督促学生丰富自己的词汇量。

3. 语法

英语句子通过一定的语法规则构成，学生只有掌握了正确的语法规则才能说出正确的句子，这样听的人才能完全了解说话者的含义，才能实现有效沟通。因此，语法在英语口语能力训练方面有着重要的意义，英语教师应当注重语法教学。

4. 谈话技巧

在英语口语教学中，教师应当将谈话的相关技巧贯穿在教学当中。例如，当说话者遇到表达困难时，可以选择相近意思的词语进行表达，这一技巧就是回避技巧，可以确保交谈的顺利进行；当说话者遇到不能解释或者无法回避的问题时，可以选择适当的语言进行转换，以确保交谈的继续。

（二）利用互联网开展学生口语教学的优势

利用互联网开展学生口语教学，符合时代发展的潮流，虽然互联网为英语教学带来了新的挑战，但正是互联网的介入，使英语口语教学有了新的思路与手段。

1. 提供宽松的口语环境及资源

首先，利用互联网，英语教师可以为学生提供海量的英语资料及信息，学生通过互联网平台可以接触到丰富的资料，可以在互联网平台上选择适合自己的学习资料，大大地提升了自主学习的能力。

其次，利用互联网，英语教师还可以为学生提供更多的口语教学场景。根据建构主义学习理论的相关观点，学习是学生在一定的社会文化背景下，借助外界因素主动建构知识的过程。口语的学习同样也属于一种认知活动。互联网内海量的教学资源能有效拓展学生的思路，使学生能够运用这些资源开展研究性学习，提升能力。一些口语教学场景的设计可以帮助学生沉浸在口语交流中，从而获得交流的愉悦与能力的提升。

最后，利用互联网，学生可以在宽松的口语环境中进行交流与学习。

语言交际理论认为，口语属于交际活动，其目的是提升学生口语的运用能力，帮助学生实现更好的交流。但如果是单个的学生是很难完成的，互联网可以为学生提供相应的交流手段，可以提供实时的或者非实时的口语学习，这就为学生提供了宽松的环境，学生可以就问题展开讨论，找到相应的解决措施，从而改善自己的交际能力和口语表达能力。

2. 提升学生学习口语的积极性

互联网运用于英语教学上，大大地提升了学生学习口语的积极性。互联网新颖的学习形式，增强了学生在各个感官上对英语的认识。互联网技术将教材的内容以多样化的形式展示，集合了声音、图像、图片、文字等，形成了交互性强的教学内容，教学内容变得生动有趣，有利于提升课堂教学效率。

在互联网产生之前，娱乐与学习看似是两个对立的面。互联网产生之后，娱乐与学习可以结合在一起。互联网可以实现学生在学习时也体会到快乐，这在一定程度上改善了教与学的关系，学生也从被动地接受学习变成了主动地发展学习。这样，学生能充分调动自我知识及经验，通过模仿、联想、推测、判断等来轻松获取知识。

互联网还可以为学生提供地道的英语口音，使学生可以进行跟读，培养正确的发音习惯，提升学生的语感，改善学生的英语学习效果。

（三）利用互联网开展学生口语教学的具体方法

1. 注重网络测试与人机对话

英语教师在选择在线口语测试系统和聊天机器人时，应根据学生的实际水平、需求和年龄特点进行挑选。这些工具应具备丰富的话题、情景模拟和适当的难度设置，以满足不同学生的口语练习需求。此外，英语教师可以根据学生的进步情况，适时调整使用的工具，确保学生的能力能够持续提升。

在线口语测试系统和聊天机器人可为学生提供及时的反馈和建议。

在学生进行模拟对话时，这些工具可以识别学生的发音、语法和词汇错误，并给出纠正意见，学生可以根据这些反馈进行调整和提高。英语教师也可以利用这些反馈对学生进行个性化指导，提高教学质量。

人机对话在培养学生口语能力方面具有独特优势。相较于面对面的真人交流，学生在与聊天机器人互动时，往往会感到更加轻松自信，更愿意开展口语练习。这有助于学生克服在口语练习中可能遇到的害羞和紧张情绪，从而更积极主动地参与口语交流。同时，人机对话也能让学生随时随地进行口语练习，为学生提供更多的学习机会。

2. 教师科研与过程评价相结合

英语教师在关注学生口语学习的过程中，需要密切观察和记录学生在课堂上的表现。这包括学生的发音准确度、语言流利度、词汇运用以及表达能力等方面。英语教师可以通过这些观察了解学生的优点和不足，从而根据每个学生的特点制订个性化的教学计划。个性化的教学计划有助于激发学生的学习兴趣和积极性，提高口语学习效果。

在教学过程中，英语教师需要密切关注学生的学习情况，以便实时调整教学策略。英语教师可以定期收集学生的反馈，了解他们在口语学习中遇到的困难和问题，并针对这些问题调整教学内容和方法。同时，英语教师可以鼓励学生互相学习、交流经验，营造良好的学习氛围，促进学生在口语练习中取得更好的成绩。

借助在线评价工具，英语教师可以更高效地评估学生的口语能力。利用语音识别技术，英语教师可以快速识别学生的发音、语法和词汇错误，并给出相应的建议。在线测试系统可以为学生提供多样化的练习题目和场景，帮助英语教师全面评估学生的口语表达能力。通过这些评价工具，英语教师能够为学生提供有针对性的指导，帮助他们在口语学习中不断得到进步。

3. 课内教学与课外教学相结合

在课堂内，英语教师可以充分利用网络教学资源，如视频、音频、

PPT等，为学生提供丰富多样的口语学习素材。这些资源能够帮助学生更直观地理解语言知识和技巧，同时激发他们的学习兴趣。英语教师可以根据教学目标设计生动有趣的口语练习活动，使学生在轻松的环境中积极参与，提高口语能力。

在线互动活动是提高学生口语表达能力的有效方法。英语教师可组织在线小组讨论、角色扮演等活动，让学生在多种场景中进行口语表达。这些活动不仅有助于锻炼学生的语言组织和沟通能力，还能培养他们的团队合作精神和自信心。在活动中，英语教师应关注学生的表现，及时给予反馈和指导，促使学生的口语表达能力在实践中不断提高。

课堂外的学习对学生口语能力的提升同样重要。英语教师可以鼓励学生参加在线口语交流社区、英语角等活动，让他们在真实的交流环境中锻炼口语能力。此外，英语教师还可以利用课外时间组织网络语言文化交流活动，如观看外语电影、参加国际视频会议等，让学生在轻松愉快的氛围中提升口语水平。这些活动能帮助学生拓宽视野、增加语言输入量，从而更好地提高口语表达能力。

二、利用互联网提升学生听力

（一）英语听力相关内容

要培养学生听力，英语教师需要在教学中加入听力知识、听力技巧、听力理解、逻辑推理以及语感方面的内容。

1. 听力知识

听力知识涉及的内容较多，主要包括语音、语用、策略、文化方面的知识。在不同的情况下，同一个句子会因为发音、重读、语调的不同从而表达出不同的态度与情感。因此，英语语音方面的知识不仅是语音教学的主要内容，也是听力教学的主要内容。

在听力教学中，英语教师不仅要重视语音知识的教学，还要注重学生在听音、意群、重读方面的技能训练，这样可以有效提升学生的语音识别能力，使学生在听到语音的时候能快速反应。学生日常的训练内容包括练习词语、句子、段落、文章，这样学生可以逐渐适应英语的表达习惯及节奏。

英语听力还涉及英语的语用、策略、文化方面的知识。其中，语用知识帮助学生理解话语背后的内涵；策略知识指导学生根据听力材料及任务来选择不同的听力需求，提升听的效果；文化策略则帮助学生理解语言背后的深层含义，并且有意识地培养跨文化交际意识，可以有效避免因主观臆断而对听到的内容产生歧义。

2. 听力技巧

听力技巧主要包括词义、关键词、预测、推断等方面的技能。如果学生掌握了听力技巧，将促进其听力能力的提升。例如，与他人使用英语进行交际时，或者听取听力资料的时候，学生可以根据上下文或者依靠说话人的表情或手势来猜测词语的意思，以达到良好的交际目的或者听写目的。因此，听力技巧是影响学生听力的重要内容，英语教师应当掌握相应的听力技巧方面的教学技巧，帮助学生提升听力能力。

3. 听力理解

英语教师在开展听力教学的时候还可以通过不同类型的活动来训练学生对词、句子、文章的理解，使学生不仅读懂字面意思，还读懂背后的含义，并将其运用到实践中去。

听力理解共分为四个阶段，分别是辨认、分析、重组、评价与运用。

（1）辨认。辨认包括语音辨认、信息辨认、符号辨认等，是听力理解的基础。能进行基本的语音辨认是初级辨认阶段，高级辨认阶段是能辨认出说话者的意图。英语教师可以通过字词的正误、匹配等方式对学生的辨认能力进行训练和强化。

（2）分析。分析阶段主要是将学生听到的内容进行转化，转化到图表之中。

（3）重组。在这一阶段，学生需要将听到的内容通过口头或者书写的形式表达出来。

（4）评价与运用。这一阶段需要在辨认、分析、重组的基础上开展，是在获得知识、理解信息、转述信息的基础上，对获得的信息进行评价与运用。

辨认、分析、重组、评价与运用是一个复杂的、循序渐进的过程，无论学生处在哪个级别，都需要经历从辨认到评价与运用的过程，在这一过程中逐步提升。

4. 逻辑推理

学生学习英语时，需要掌握正确的语言材料，还要判断句子的正误，因此，英语逻辑推理能力也非常重要。对此，英语教师在英语听力训练时还要加强学生对逻辑推理能力的训练。

5. 语感

语感指的是学生对英语的直观感知能力，好的语感可以增强学生学习英语的积极性，有助于学生在不熟练的情况下也能快速准确地作出判断，也能帮助学生提升听力理解的效果。因此，在英语教学中，英语教师需要重视学生语感的养成与提升。

（二）利用互联网开展学生听力教学的优势

与传统的听力教学相比，利用互联网开展听力教学的优势主要表现在以下三个方面。

1. 体现“以人为本”，凸显学生的主体性特征

大学教育需要面向全体学生，其目的也是全面提升学生的综合素质。利用互联网开展英语听力教学，其多种功能的自由选择充分体现了“以人为本”的理念。在这一过程中，学生可以依照自己的喜好进行学习。例如，学生在多媒体语音室内学习，此时学生不再只依赖英语教师的教学，而是根据自己的需要来自由选择内容，把握他们容易把握的，同时尝试挑

战较高层次的语言输出，并通过不断的练习逐渐内化为自我的能力。

2. 有利于因材施教

英语教师利用互联网可以得到更多的教学资源，使备课的选择性有所提升，从而使教学内容丰富化、多样化，并通过互联网实现传递。学生可以通过网络接收到英语教师的教案，可以在家学习，反复强化，这是传统英语教学没有的。此外，英语教师可以运用网络考试系统，开展无纸化的考试，并通过互联网进行试卷的评分以及分析。通过互联网，英语教师与学生之间的互动增多，这样英语教师可以更充分地了解学生的情况，从而全程监控学生的学习进度。因此，互联网为英语教师和学生提供了一个便利、生动、充满热情的平台，使英语教师可以针对学生的具体情况因材施教，实现学生英语听力的提升。

3. 可以突破时空的限制

互联网背景下的英语课堂呈现出共享性和丰富性，其变化不仅表现为教学内容从课本拓展到更广的内容，还表现为被动的学习转为研究性、探索性的学习。

学生利用互联网可以实现随时随地学习英语，给自己的学习带来了极大的便利。此外，学生不仅可以自由选择学习的地点及时间，还能自主掌控学习的内容及学习进度。教学内容主要以图片、文本、图表等形式呈现，在视觉上进一步吸引了学生的注意力，营造出了一种真实的情境。

（三）利用互联网开展学生听力教学的具体方法

1. 创设良好的听力环境

在教学过程中，英语教师可以通过互联网在以下两个方面来为学生创设良好的听力环境。

首先，利用互联网上的教学资源拓展学生听力涉及的交际语境，为学生呈现丰富的、真实的语境，让学生身临其境，这样能激发学生感受听的实用性，以此来激发学习的兴趣。英语教师还可以根据教学内容设计相关的教学活动，如采取小组式的学习方式，尊重学生的主体性，让学生投入更多的热情去交流与碰撞，这样可以提升学生学习英语的积极性。

其次，英语教师可以利用互联网为学生提供一些真实的听力资料，这样学生可以更真切地体会到英语的语速、语义、语言习惯等，在一定程度上增强了学生对学习内容的认同感，同时为学生养成正确的发音习惯和表达习惯奠定了基础，使学生在以后的英语交往中掌握更多的主动性。

2. 培养学生听力的自主决策能力

在听力上，培养学生的自主决策能力有积极的意义。英语教师利用互联网首先要培养学生收集信息、整理信息和利用信息的能力。在听力教学过程中，英语教师需要引导学生根据学习任务来规划自我的学习流程，需要引导学生利用现代信息搜索技术对学习任务展开细化搜索，并将获取到的信息资源进行加工和分类，这样有助于学生形成系统性的知识和技能。英语教师在学生的自主决策方面要给予较大的发挥空间，促使学生通过自身的努力，将想法付诸实践，最终完成学习任务，提升语言能力。英语教师还可以引导学生利用互联网对自己的学习成果进行评价，帮助学生了解自我学习情况，进行查漏补缺，从而提升能力。

英语教师还要引导学生掌握互联网相关的硬件知识，借助互联网工具进行沟通，实现与学生之间的无障碍沟通。与互联网相关的硬件知识和技能正是交流的前提和基础，教师和学生双方都应当与时俱进，掌握相应的互联网硬件知识。

三、利用互联网提升学生的阅读能力

（一）英语阅读技能的相关内容

英语阅读教学旨在培养学生的多种阅读技能，如表 4–2 所示。

表4-2　英语阅读技能的相关内容

阅读技能	具体内容
识别单词	教导学生识别和拼读英语单词，掌握正确的发音和拼写
猜测生词意义	培养学生根据上下文和词根词缀等线索，推测陌生单词含义的能力
理解句子关系	教导学生分析句子之间的语法和逻辑关系，以便更好地理解文章内容
理解句子和言语的交际意义	帮助学生抓住句子和对话中的实际意义，理解文章作者的观点和态度
识别语篇指示词汇	教导学生识别文章中的指代词、连接词等，理解这些词汇在语篇中的作用
理解衔接词和文章结构关系	通过衔接词，帮助学生理解文章各部分之间的内在联系和逻辑结构
从细节中把握主题	培养学生在阅读过程中关注关键细节，从而准确把握文章主题的能力
将信息图形化	教导学生利用图表、思维导图等方式，将文章内容进行可视化呈现，便于理解和记忆
确定文章主要观点和信息	培养学生快速找出文章的核心观点和重要信息的能力
总结文章主要信息	教导学生在阅读完成后，能够概括文章的关键内容和结论
培养基本推理技巧	教导学生运用逻辑推理、判断和批判性思维，分析文章的观点和论证
培养跳读技巧	教导学生在阅读过程中，学会快速跳过次要信息，专注于关键内容和主题，以提高阅读效率

（二）利用互联网开展学生阅读教学的优势

1. 提供先进的阅读工具

互联网上提供了各种先进的阅读工具，如电子书、数字图书馆、在线词典、语音合成等。

电子书是指将传统纸质书籍数字化后，以电子文件的形式呈现在电子设备上的书籍。在互联网时代，学生通过互联网可以下载大量的电子书籍，并在电子设备上进行阅读。相对于传统的纸质书籍，电子书具有容量大、便携、可搜索等优势，使学生可以在任何时间、任何地点轻松地获取和阅读各类书籍。此外，电子书还支持调整字体大小、背景颜色等阅读参数，使学生可以根据自己的习惯和需求进行阅读。

数字图书馆是将各类文献、书籍等资源数字化后，以在线形式提供给用户检索、查找和阅读的图书馆。互联网上有许多数字化图书馆，如中国国家数字图书馆、万方数据数字图书馆等。这些数字图书馆拥有海量的资源，包括学术期刊、研究文献、经典著作等，涵盖了多个学科领域的知识。学生可以通过数字图书馆轻松获取到所需的阅读材料，这对于提高学生的阅读兴趣和阅读能力非常有帮助，同时可以拓宽学生的学习视野。

在线词典是指将各类单词、词语的释义和用法以在线形式提供给用户检索、查找和学习的词典。学生在阅读过程中遇到不认识的单词时，可以通过在线词典快速查找单词释义，从而更好地理解文本内容。此外，语音合成技术可以模拟各类语音和语调，帮助学生更好地理解和模仿语音和语调，提高语音表达和理解能力。因此，在线词典和语音合成技术是互联网阅读工具中非常有用的工具，可以促进学生的阅读理解和语音表达能力的提升。

2. 提供海量的资源

互联网上汇聚了大量的阅读资源，包括科技、文化、历史、艺术等方面的文章、书籍、图片、视频等。这些资源不仅覆盖了多个领域的知识，而且可以根据不同年龄段、学科、难度等级进行分类和筛选，使学生能够选择适合自己的阅读材料。例如，学生可以根据自己的年级和学科来选择相应难度的阅读材料，从而更好地加深对学科知识的理解。同时，学生还可以根据自己的兴趣和爱好选择阅读材料，如对历史感兴趣的学生可以选择阅读历史方面的文章和书籍，对文化感兴趣的学生可以选择阅读有关文化的材料。这种个性化的阅读选择可以让学生更加积极主动地参与阅读，提高学习动力和效率。互联网上还有大量的文学作品，这些阅读材料可以提高学生的阅读兴趣，提高语言表达能力和审美水平。此外，互联网上还有各种阅读平台和社区，学生可以在这些平台上与其他读者交流和讨论，拓宽自己的阅读视野，提高自己的认知能力。

对于互联网上的阅读资源，学生可以通过电脑、手机等设备进行访问，同时，学生可以在任何时间、任何地点轻松地获取和阅读各类书籍和文章。相对于传统的图书馆和书店，互联网上的阅读资源更为便捷，不仅可以节约时间和精力，而且可以更好地适应学生快节奏的生活和学习方式。此外，互联网上的阅读资源还支持在线阅读和下载，学生可以根据自己的需要选择阅读方式，使阅读体验更为舒适和便捷。

3. 提供同步指导

互联网上的各种阅读平台和工具还可以为英语教师提供同步指导，如在线评估学生的阅读能力、给出针对性的教学建议、提供丰富的教学资源和案例等。

互联网上的阅读平台和工具可以为英语教师提供在线评估学生阅读能力的功能。英语教师可以通过在线评估系统对学生的阅读能力进行测评和分析，了解学生的阅读水平和存在的问题，制订更具针对性的教学计划和策略。例如，英语教师可以通过在线阅读测试了解学生的阅读速度、阅读理解能力、语言表达能力等方面的能力，针对学生的不足之处提出针对性的教学建议和措施，以此提高学生的阅读能力和效果。

互联网上的阅读平台和工具还提供了丰富的教学资源和案例，这些资源包括课程设计、教学案例、阅读指导等，可以帮助英语教师更好地进行教学设计和教学实践。英语教师可以从中获取有价值的教学素材和资源，根据自己的教学需要和学生的实际情况进行调整和运用，提高教学效果和质量。同时，英语教师还可以通过网络平台与其他教师分享、交流自己的教学经验与教学策略，从中学习和借鉴先进的教学理念与方法，不断提升自己的教学水平与素养。互联网上的阅读平台和工具还可以提供实时的教学反馈与监督功能，英语教师可以通过网络平台了解学生的阅读进度和阅读效果，及时对学生的阅读过程进行监督和指导。例如，英语教师可以通过网络平台查看学生的阅读记录和笔记，及时发现学生的不足和问题，并有针对性地进行反馈和指导，以此提高学生的阅读能力。此外，英语教师还可以通过网络平台与学生进行在线交流和互动，解答学生的疑问和困惑，促进教学效果的提升。

（三）利用互联网开展学生阅读教学的具体方法

1. 激发学生的兴趣

利用互联网的多样化阅读体验激发学生的阅读兴趣和积极性。互联网上的阅读材料丰富多彩，如名著、科技文章、历史故事、文化知识等，能够满足学生的阅读需求。同时，互联网还提供了更为便捷的阅读方式和工具，如电子书和在线图书馆等，让学生可以随时随地进行阅读，提高了学生的阅读自主性和主动性。这些优势不仅可以提高学生的阅读兴趣，也有助于学生良好的阅读习惯的养成。

英语教师可以选择适合学生年龄、兴趣和爱好的阅读材料，如有趣的漫画、轻松的小说等，让学生在阅读中感受到快乐和轻松。此外，利用互联网的多媒体阅读方式，如音频书和电子杂志等，为学生提供更为丰富的阅读体验，让学生在阅读中体验到更多元的乐趣和感受。

利用互联网的互动性和分享性增加学生的阅读乐趣和满足感。英语教师可以鼓励学生在网络上分享自己的阅读体验和感受，与其他学生进行交流和互动，这不仅可以增强学生之间的情感交流和合作意识，还可以让学生更好地发挥自己的创造力和思维能力。英语教师也可以利用互联网平台提供有趣的阅读任务和挑战，激发学生的阅读兴趣和学习动力，让学生在阅读中获得更多的快乐和乐趣。

2. 搜索适合学生学习的英语材料

利用互联网搜索适合学生学习的英语材料是提高学生英语阅读能力的重要途径。通过搜索引擎，英语教师可以快速地获取到大量的英语阅读材料，如新闻、科技文章、文学作品等。英语教师可以根据学生的英语水平和阅读能力选择相应难度的材料，并为学生提供相应的阅读指导和辅导。同时，利用互联网的多媒体资源和工具，如音频和视频等，也可以为学生提供更为丰富和多样的英语阅读体验。

在搜索英语阅读材料的过程中，英语教师还可以利用互联网的工具和资源帮助学生更好地理解和掌握阅读内容。例如，利用在线词典和翻译工具，帮助学生查找生词和短语的意思。同时，英语教师还可以为学生提供一些有关文化和历史背景的知识，帮助学生更好地理解文本内容。此外，英语教师还可以利用在线阅读平台和社区，让学生与其他英语学习者进行交流和互动，提高学生的英语口语和写作能力。

利用互联网搜索英语阅读材料还可以拓宽学生的知识面，开阔学生的视野。通过阅读英文新闻和科技文章，学生可以了解全球最新的信息和趋势，同时，阅读英语文学作品还可以帮助学生了解英语文化和历史。这些知识和经验不仅可以帮助学生提高英语阅读能力，还可以增强学生的跨文化交流能力和理解能力，为学生未来的学习和生活奠定坚实的基础。

3. 开展课后拓展阅读

英语教师可以利用互联网资源，如数字图书馆和在线阅读平台，为学生提供多样化的阅读材料，涵盖各个领域和难度等级，以满足学生的不同需求。通过设置课后阅读任务，英语教师可以让学生在阅读过程中自主探索和思考，提高学生的学习兴趣和自主性，同时可以锻炼学生的阅读理解能力和批判性思维能力。

在课后拓展阅读中，英语教师还可以利用在线讨论和社区，培养学生的思辨能力和创新能力。例如，英语教师可以要求学生在完成阅读任务后，参与在线讨论，就阅读内容进行交流和分享，互相学习和启发。同时，英语教师还可以设立学生阅读博客或论坛，让学生通过文字、图片、视频等多种方式分享自己的阅读经历和心得，在阅读中更好地提高英语表达能力和写作能力。

英语教师可以利用互联网开展课后拓展阅读的评估和指导工作。通过在线作业和评估工具，英语教师可以实时掌握学生的阅读情况和进展，及时给出反馈和建议，帮助学生加深对阅读材料的理解和掌握。同时，英语教师还可以为学生提供个性化的阅读指导和辅导，针对学生的不足和问题，提供有针对性的教学方案和建议，帮助学生更好地提高阅读能力和水平。

4. 进行科学评估与个性指导

英语教师可以利用在线阅读测试工具，对学生的阅读能力进行量化评估和分析。通过分析学生在不同阅读任务和难度下的表现，英语教师可以发现学生的阅读问题和不足，并结合学生的阅读兴趣和特点，制订个性化的教学方案和措施，帮助学生更好地提高阅读能力。

同时，英语教师还可以利用互联网资源和工具，为学生提供多样化的阅读材料和方式。例如，英语教师通过在线阅读平台和数字图书馆，为学生提供丰富的阅读资源和文献资料，让学生在阅读中获取更多的知识和信息；英语教师还可以为学生提供在线词典、翻译工具等辅助工具，帮助学生更好地理解和掌握阅读材料中的生词和句子。

英语教师可以利用在线交流和社区，为学生提供个性化的阅读指导和建议。例如，英语教师可以开设学生阅读博客或论坛，让学生在阅读中积极发言和交流，借助学生之间的互动和分享，帮助学生更好地提高阅读能力和表达能力。同时，英语教师还可以针对学生的阅读问题和难点，为学生提供有针对性的教学建议和指导，帮助学生更好地掌握阅读技巧和方法，提高学生的阅读能力和水平。

四、利用互联网提升学生的写作能力

（一）英语写作教学相关内容

英语写作教学可以帮助学生提高英语语言水平和表达能力，让学生更加自信和流畅地进行英语交流和表达。通过大量的写作训练和实践，学生可以逐步增加自己的词汇量，提高语法掌握能力，更加深入地理解英语的语言结构和表达方式，进而提高自己的英语表达能力。为将来的学习和工作打下坚实的语言基础。英语写作教学内容包括以下五个方面。

1. 写作理论教学

英语教师要教授学生英语写作的基本理论知识，如写作的目的、语言、结构、修辞等，让学生掌握写作的基本原则和技巧。

2. 写作技能训练

英语教师要通过大量的写作训练和实践，帮助学生逐步提高英语写作能力，如词汇积累、语法练习、句型转换、段落组织等。

3. 写作策略指导

英语教师要为学生提供实用的写作策略和技巧，如写作思路的开阔、写作中的思考和表达技巧、写作技巧的应用等，让学生能够在写作中更加自如地思考和表达。

4. 写作过程管理

英语教师要引导学生了解写作过程，如写作准备、草稿、修改等环节，让学生能够规范化地进行写作，提高写作效率和质量。

5. 写作批改与反馈

英语教师要为学生提供写作批改和反馈，帮助学生了解自己写作中的不足和改进方向。同时，英语教师也可以通过学生之间的互相批改和反馈，促进学生的相互学习和提高。

（二）利用互联网开展学生写作教学的优势

1. 提供多样化的写作资源

互联网上提供了各种类型的英语写作资源，如学术论文、新闻报道、商业信函、个人陈述等。学生可以选择适合自己的写作类型进行学习和练习，从而更好地掌握不同类型写作的技巧和方法。此外，互联网上还有大量的范文和写作指导，可以帮助学生更好地理解写作要求和技巧，提高学生的写作能力和表达水平。

通过互联网平台，学生还可以获得更多的写作练习题。这些题目往往涉及多种写作类型和难度等级，能够帮助学生系统地练习不同类型的题，提高学生的写作能力。

此外，互联网还提供了一些在线写作课程和训练营。这些课程通常由具有丰富写作经验和教学经验的教师教授，可以帮助学生快速提高写作技能和水平。

2. 增加写作互动和合作

互联网的在线写作平台为学生提供更多元化的写作机会和资源，帮助学生提高写作技巧和写作水平。在线写作平台是一个公共的写作空间，可以让学生在这里分享他们的作品，获取他人的反馈和建议。平台还提供了大量的写作资源，如范文、写作指导、练习题等，让学生能够在这里更好地学习和实践。

利用互联网社交媒体等工具，建立写作社区或群组，也可以为学生提供更多的写作互动和合作机会。社交媒体平台提供了不同的社区和群组，学生可以加入自己感兴趣的写作社区或群组，与同学进行交流和讨论。在这些社区或群组中，学生可以分享自己的写作经验和心得，也可以从其他同学那里学习到更多的写作技巧和方法。

学生可以通过互联网上的在线写作平台和社交媒体等工具，发挥自己的创造力和想象力，创作出更多、更优秀的作品。这些平台和工具不仅可以使学生展示自己，也可以帮助学生更好地表达自己的思想和观点。此外，这些工具还为学生提供了更多与世界各地的人交流和分享自己的机会，让学生可以更好地认识和理解其他国家和文化，从而使学生丰富知识、开阔视野。

3. 提供更多个性化的写作指导

互联网提供了更为个性化的写作指导，这是传统写作教学所无法比拟的优势。英语教师可以利用在线写作平台，为学生提供更为细致、深入的写作指导。例如，在学生提交作文后，英语教师可以通过平台上的批改工具，对学生的作文进行逐一点评，指出学生存在的问题和不足，并给出具体的改进意见和建议。通过这种方式，学生可以更好地理解和掌握写作规律和技巧，提高自己的写作水平。同时，英语教师还可以根据学生的学习特点和写作需求，制订个性化的写作计划和方案，让学生能够更有针对性地进行写作练习和实践。

互联网还可以为学生提供更为灵活、自主的学习体验。在传统的写作教学中，英语教师通常是通过课堂教学和面对面交流来进行指导和辅导的。而在互联网时代，学生可以随时随地进行在线学习和交流，可以根据自己的学习需求和进度安排学习，更加灵活自主。这种学习方式既可以提高学生的学习积极性和主动性，也可以更好地适应不同学生的学习特点和需求，为学生提供更为全面、个性化的学习体验。

互联网还可以通过在线写作社区、博客等平台，鼓励学生进行写作互动和分享。学生可以在社区中与其他学生进行交流和合作，互相学习和借鉴。同时，学生还可以通过博客等平台，将自己的写作作品分享给更多的人，得到更为广泛的反馈和指导。这种写作互动和分享可以帮助学生拓宽视野、增强自信，提高写作水平。

4. 增加写作的趣味性和实用性

随着互联网的发展，写作教学已经逐渐从传统的书本教学向数字化、互动化的教学转变。互联网提供了许多新的工具和资源，可以增加写作的趣味性和实用性，激发学生学习英语写作的兴趣和积极性。

（1）互联网提供了丰富的实用写作资源。学生可以通过互联网搜索到大量的英语写作指导和范文。这些资源可以让学生在练习写作的同时获得更多实用的知识和技巧，让学生对英语写作有更深入的理解。例如，学生可以通过在线写作平台学习如何撰写一份合格的商务邮件，或者通过社交媒体分享自己的写作体验和经验。

（2）互联网提供了更多趣味的写作练习方式。例如，学生可以参加在线写作竞赛、作文比赛等活动，从而增加写作的趣味性和竞争性。此外，通过在线写作平台，学生可以与其他学生进行互动和合作，相互学习和促进，这也可以让学生更加愿意参与写作练习。

（3）互联网提供了更加实用的写作工具和平台。例如，学生可以使用在线拼写检查、语法检查等工具来提高自己的写作水平，同时，学生也可以利用在线写作平台来保存自己的写作作品，并与他人分享和交流。这些工具和平台不仅方便了学生的写作，也提高了学生的写作效率和效果。

利用互联网进行英语写作教学可以增加写作的趣味性和实用性，提高学生学习英语写作的积极性和效果。同时，互联网提供的丰富的写作资源、趣味的写作练习方式以及实用的写作工具和平台也能够帮助学生更加轻松、高效地进行英语写作。

（三）利用互联网开展学生写作教学的具体方法

1. 利用计算机文字处理程序辅助写作

计算机文字处理程序不仅可以对拼写和语法进行检测和修正，还能够帮助学生改进写作风格和格式。例如，许多程序提供了自动格式化和排版功能，帮助学生改进写作风格和格式，同时可以让学生更加专注于内容和思路的表达，而不必花费大量时间和精力去处理文本格式的问题。此外，计算机文字处理程序还可以提供更多的写作工具和辅助功能，如文本标注、语义分析、流程图制作等，帮助学生更加系统和全面地组织和呈现自己的思想和观点，从而提高写作的质量和效果。

除此之外，计算机文字处理程序还可以为学生提供更加个性化和便捷的写作体验。学生可以随时随地使用电脑、平板电脑或手机等设备进行写作，不必受时间和地点的限制；同时，学生还可以利用互联网和云端存储等技术，将自己的作品分享给其他人，与其他人进行交流并得到更多的反馈和建议。这样，学生可以在实践中不断改进和完善自己的写作技能和表达能力，从而更好地适应未来的学习和职业发展。

2. 鼓励学生利用网络进行英语写作

随着互联网的普及和发展，学生可以利用各种在线资源和工具，进行英语写作的交流和实践。例如，学生可以通过在线论坛、博客等社交媒体进行英语写作的互动和分享，与其他英语学习者进行交流和合作，从而更好地提高自己的写作水平和写作技能。同时，学生还可以通过在线写作平台和工具进行英语写作的练习，获得更为灵活和便捷的写作体验和反馈。鼓励学生利用网络进行英语写作，可以让学生更加自主和主动地进行写作实践，更好地体验到英语写作的乐趣和成就感。

除此之外，利用网络进行英语写作还可以开阔学生的视野，促进文化交流。通过在线交流和合作，学生可以与来自不同国家和地区的英语学习者进行交流和沟通，了解不同文化背景下的英语写作特点和技巧，提高自己的跨文化交流能力和素养。同时，学生还可以借助互联网平台和工具，接触到更多优秀的英语写作作品和经典范例，拓宽自己的知识视野。

3. 利用互联网邮箱来促进交流与沟通

利用互联网邮箱进行交流和沟通，不仅可以促进教师和学生之间的互动，还能够为学生提供更为便捷的交流和合作方式。通过邮件，学生可以向教师提问、反馈和建议，获取更为个性化的指导和帮助；同时，学生还可以与同学交流，相互分享自己的学习心得和体会，促进彼此的学习进步。因此，利用互联网邮箱进行交流和沟通，可以让学生更好地利用网络资源，提高自己的英语写作能力和写作水平。

在利用互联网邮箱进行交流和沟通的过程中，需要注意信息的安全和保密。学生应该掌握良好的电子邮件使用规范和礼仪，避免泄露个人信息或涉及隐私的内容。同时，英语教师也应该做好相关的安全管理工作，保护学生的信息安全和隐私，搭建安全、可信、有效的教学互动平台。

五、利用互联网提升学生的翻译能力

英语翻译教学的意义是很重要的。随着全球化的不断发展，英语已经成为一种全球通用语言，越来越多的人需要使用英语进行沟通和交流。而翻译作为一项重要的语言技能，可以帮助人们传递和理解不同语言与文化之间的信息。

（一）英语翻译教学相关内容

1. 翻译基础理论教学

（1）翻译的定义和分类。介绍翻译的概念、范畴和种类，如口译和笔译、直译和意译等。

（2）翻译的基本原则和方法。介绍翻译的基本原则和方法，包括忠实原则、通顺原则、意义传达原则、语言风格和文化差异等。

（3）翻译的流程和步骤。介绍翻译的具体流程和步骤，包括阅读理解、分析和处理原文、确定译文的语言风格和结构、审校和修改等。

（4）翻译的技巧和方法。介绍一些翻译的技巧和方法，如寻找上下文、采用同义替换、调整语序等。

（5）翻译的质量评估。介绍如何评估翻译的质量，包括准确性、通顺性、语言风格和文化适应性等方面。

（6）翻译的实践。通过一些实践性的翻译练习，帮助学生提高翻译技能和应用能力。

2. 英汉翻译技巧教学

英汉翻译技巧教学的重点是帮助学生了解英汉语言的差异和文化背景，掌握常用的翻译方法和技巧。在翻译过程中，学生需要注意词汇的选择和用法，掌握句子的结构和语法，避免直译和语义错误。此外，学生还需要理解上下文，分析语言风格和文化内涵，保持翻译的准确性和通顺性。

英汉翻译技巧教学需要注重实践和反思。通过大量的翻译练习，学生可以提高自己的翻译能力和应用能力，同时可以发现自己的不足和问题，进一步完善自己，提高英汉翻译技巧。此外，学生还可以通过阅读原文、学习语言文化与专业知识等方式，提升自己的翻译水平和素质。综上所述，英汉翻译技巧教学需要注重理论和实践相结合，以培养高素质的翻译人才为目标。

3. 英汉语言对比教学

英汉语言对比教学旨在帮助学生了解英语和汉语的差异和联系，加深对两种语言的理解和应用。

（1）音韵系统。介绍英语和汉语的发音规律、音素和音调，比较两种语言的音韵系统差异。

（2）词汇和语法。对比英语和汉语的词汇特点、构词法和语法结构，分析两种语言的语法差异和使用习惯。

（3）语言风格。分析英汉语言的风格特点，如英语的简洁明了和汉语的形象生动，介绍如何在翻译中准确传达语言风格和文化内涵。

（4）文化差异。比较英汉文化的差异和联系，介绍如何在翻译中处理文化差异和避免文化冲突。

通过英汉语言对比教学，学生可以了解两种语言的异同，掌握翻译中的技巧和方法，提高翻译能力和素质，同时可以促进跨文化交流。

4. 翻译实践教学

翻译实践教学是翻译课程中十分重要的一部分，其目的是让学生通过实践练习，提高翻译技能和应用能力，加强对语言和文化的理解与掌握，其主要内容包括以下四点。

（1）翻译练习。英语教师通过一些翻译练习不仅可以让学生接触到不同领域和主题的原文材料，使其了解翻译的难点和挑战，而且可以提高其翻译效率和准确度。

（2）翻译实践项目。英语教师让学生参与一些实际的翻译项目，如翻译文献、合同、商务信函等，帮助他们了解翻译行业的工作流程和标准，提高他们的应用能力和专业素养。

（3）翻译评估和反馈。英语教师对学生的翻译作品进行评估和反馈，指出其优点和不足之处，帮助学生提高自己的翻译能力。

（4）翻译技巧和方法讲解。英语教师针对学生在翻译实践中遇到的问题和困难，讲解和分享一些翻译技巧和方法，帮助学生更好地应对实际工作中的翻译难点。

通过翻译实践教学，学生可以将理论知识应用到实际翻译中，培养实际操作和解决问题的能力，提高翻译质量和水平。

（二）利用互联网开展学生翻译教学的优势

1. 提供丰富的资源、工具和项目

（1）互联网提供了丰富的资源。互联网上有海量的资源，包括新闻、论文、小说、影视剧等不同领域和类型的文章，可以为学生提供多种多样的练习内容。学生可以通过在互联网上搜索并筛选相关的素材，进行阅读和理解，从而提高阅读能力和翻译技巧。同时，互联网上还有一些专门的网站和平台，如“中外对译”“双语新闻”等，提供了高质量的资源，可供学生选择和使用。

（2）互联网提供了多种翻译工具。互联网上有许多翻译工具，如在线词典、翻译软件、翻译论坛、翻译博客等，可以为学生提供多样化的翻译途径。在线词典可以帮助学生查找单词的意思和用法，翻译软件可以帮助学生快速翻译较长的句子和文章，翻译论坛和翻译博客可以为学生提供交流和分享翻译心得的平台。此外，互联网上还有许多翻译教材、课程和资源库，可以为学生提供全面、系统的翻译知识和技能培训。

（3）互联网提供了多种实践项目。互联网上有许多翻译实践项目，如翻译比赛、翻译论坛、翻译实习等，可以为学生提供实践锻炼和应用能力的机会。通过参与这些翻译项目，学生可以了解翻译行业的要求和标准，提高翻译能力和素质。同时，互联网还提供了在线的翻译工作平台和合作项目，可以让学生模拟真实的翻译工作流程和环境，提升其应用能力和专业素养。

2. 节约时间和空间成本

利用互联网开展的翻译教学可以随时随地进行，不受时间和空间限制，可以帮助学生节约时间和空间成本。学生可以在自己的空闲时间进行翻译学习和实践，不需要前往教室或学校。同时，利用互联网进行翻译教学还可以给学生提供高效的学习体验，如通过在线视频教学和实时交流，可以让学生感受到真实的课堂氛围和互动。

3. 提供多样化的教学资源和方式

利用互联网开展的翻译教学有多样化的教学资源和方式，如在线视频、互动课堂、翻转课堂等，可以为学生提供更加丰富、灵活的学习方式。此外，利用互联网进行的翻译教学还可以借助多媒体技术、互动式教学软件等工具，使学生获得更加生动、直观的学习体验，提高学生的学习兴趣和参与度。

4. 实现个性化定制和精细化管理

利用互联网开展的翻译教学可以实现个性化定制和精细化管理，为学生提供更为精准、有针对性的教学。通过在线测试、学习档案、教学反馈等工具，英语教师可以实现对学生学习情况的实时跟踪和分析，并设计更为精准的教学方案和提供个性化的辅导服务，从而提高学生的学习效果和成绩。此外，利用互联网进行的翻译教学还可以通过大数据分析等手段，进行教学质量的评估和改进，提高教学的效率和效果。

5. 具有较强的交互性

利用互联网开展的翻译教学具有较强的交互性，这是传统教学无法比拟的。

（1）利用互联网开展的翻译教学可以实现实时交互和反馈。学生可以随时与教师和同学进行在线讨论和交流，分享学习和翻译经验，提出问题和疑问，获得及时的解答和反馈。此外，利用互联网开展的翻译教学还可以提供多种交互方式，如在线语音、视频、聊天等，让学生以更为直观、生动的方式与他人互动和交流，促进学习和合作。

（2）利用互联网开展的翻译教学可以促进学生自主学习和创新思维。利用互联网开展的翻译教学可以促进学生自主学习。通过在线课程、网络资源和社交平台等工具，学生可以自主选择学习内容和学习方式，激发自己的学习兴趣和动力。同时，利用互联网开展的翻译教学还可以促进学生创新思维。例如，通过自主翻译、翻译比赛等方式，英语教师可以鼓励学生进行翻译创新，提高翻译品质和效果。

（3）利用互联网开展的翻译教学可以促进跨文化交流和理解，为学生提供更加广阔、多元的文化视野和交流机会。通过在线课程、学习交流平台等工具，学生可以与来自不同文化背景和国家的学生和教师进行交流和互动，分享彼此的文化和经验，增进跨文化交流和理解。此外，利用互联网开展的翻译教学还可以通过在线翻译、文化研究等方式，帮助学生了解和掌握不同语言和文化背景下的翻译技巧和应用方法，促进跨文化翻译的发展。

（三）利用互联网开展翻译教学的具体方法

1. 制作英语翻译教学课件，建立翻译素材库

从翻译教学内容来看，利用互联网制作英语翻译教学课件，可以为学生提供更加丰富、多元的翻译教学内容。互联网上有大量的翻译素材和译文资源，可以为英语教师和学生提供丰富的翻译实例和范例，促进学生对翻译技巧和方法的理解与掌握。同时，互联网翻译教学还可以借助多媒体技术和互动式教学软件等工具，提供生动、直观的翻译教学内容，激发学生的学习兴趣和积极性。

从翻译教学方法来看，利用互联网制作英语翻译教学课件，可以为英语教师提供更加灵活、多样的翻译教学方法。英语教师可以根据学生

的学习需求和水平，选择不同的翻译教学方式和工具，如在线视频教学、互动课堂、翻转课堂等。

建立翻译素材库，可以为英语教师和学生提供更加便捷、丰富的翻译素材资源。英语教师可以将自己的教学课件和翻译素材分享到素材库中，供其他教师和学生使用。同时，学生也可以在素材库中自主选择翻译素材，进行自主翻译和练习，提高自己的翻译技能。此外，素材库还可以进行分类和整理，便于学生与英语教师查找和使用，提高教学效率和效果。

2. 丰富英语课堂翻译教学的信息量

利用互联网丰富英语课堂翻译教学的信息量，可以为学生提供更加广泛、全面的英语学习资源和信息。互联网上有海量的英语翻译学习资源，包括学习网站、学习应用、网络课程、教学视频等。学生可以通过互联网获取到各种类型的英语翻译学习资源，从而全面提高英语翻译技能。

3. 提供多元化的学习方式和实践

利用互联网可以进行多元化的学习方式和实践，帮助学生更好地掌握英语知识和技能。例如，英语教师可以利用网络实现远程授课和远程交流，进行跨地域的英语教学和实践。同时，互联网还可以提供互动式的英语学习软件和工具，帮助学生更加高效地学习和实践英语。

4. 开展网络翻译课堂教学，增加英语习得

（1）互联网上有大量的翻译资源和工具，如在线词典、翻译软件、翻译平台等，可以为网络翻译课堂教学提供丰富的学习资源和实践机会。学生可以通过互联网获取到各种类型的翻译素材和实例，进行翻译练习和实践，从而提高翻译技能和英语水平。

（2）网络翻译课堂教学可以实现在线互动和合作学习，促进英语习得。学生可以通过网络翻译课堂教学进行在线讨论、协作翻译等活动，与教师和同学进行互动交流，从而加强英语学习和翻译技能的习得。

第三节 观念创新——文化教学

一、关于英语文化教学

（一）英语文化背景知识

英语文化教学应该注重传授英语国家的历史、政治、经济、文化等方面的背景知识。学生需要了解英语国家的发展历程、政治体制、社会文化、人文地理等方面的知识，才能更好地理解和使用英语。英语教师可以通过教授相关的文化背景知识，引导学生对英语文化进行深入思考和探究，增强他们对英语的理解和运用能力。

例如，英国的贵族文化。英国是一个具有悠久历史的国家，其贵族文化源远流长，对于英国的社会结构和文化传统有着重要的影响。英国贵族文化包括贵族的身份、风格、礼仪、语言、艺术和习俗等方面的内容，反映了英国社会的阶层差异和价值取向。在英语教学中，了解英国贵族文化的背景知识可以帮助学生更好地理解英语的使用和表达方式。例如，英国贵族文化强调优雅和自尊，讲究姿态、礼仪和语言修养，这也影响到了英国人在商务和社交场合中的表达方式。因此，英语教师可以通过讲解英国贵族文化的相关内容，帮助学生更好地理解英语中的礼仪和修养，提高学生的语言表达能力和社交技巧。此外，了解英国贵族文化的背景知识还可以帮助学生更好地理解英国文学和艺术作品中的文化内涵。英国贵族文化是英国文学中的重要主题之一，许多经典文学作品如《简·爱》《傲慢与偏见》《呼啸山庄》等中均涉及贵族文化的表现和思考。了解英国贵族文化的背景知识可以帮助学生更好地理解这些作品中的文化内涵和价值观念，提高学生的文学鉴赏能力和思考能力。

（二）英语属地文化知识

英语文化教学还应该注重传授英语属地文化知识，让学生了解自己国家的文化传统、历史背景、价值观念等方面的知识。这可以帮助学生更好地理解和比较不同文化之间的差异和联系，促进跨文化交流和理解。英语教师可以通过引导学生分析英语属地文化的特点和内涵，提高学生的文化素养和语言表达能力。

（三）文化差异知识

英语文化教学还应该注重传授不同文化之间的差异知识，让学生了解并适应不同文化背景下的语言和交际方式。学生需要了解不同国家和地区的语言、习惯、礼仪、信仰等方面的差异，避免在跨文化交际中出现误解和冲突。英语教师可以通过引导学生了解和探究不同文化之间的差异和相似之处，提高学生的跨文化意识和交际能力。

（四）文化价值知识

英语文化教学还应该注重传授文化价值知识，让学生了解和尊重不同文化的价值观念和信仰，培养学生的跨文化情感和思维能力。学生需要了解不同文化背景下的价值观念和信仰，如人权、自由、平等、多元等，才能更好地理解和尊重他人的文化差异。英语教师可以通过引导学生探究和讨论不同文化的价值观念和信仰，培养学生的开放、包容、尊重和包容性思维。

“绅士精神”是一种英国文化价值观念，强调男性应该具备的品质和行为方式。这种价值观念源自英国的贵族文化和历史传统，代表着英国文化中一种古老而尊贵的生活方式。在这种价值观念中，绅士应该具备的品质包括彬彬有礼、谦逊有度、正直诚实、宽容大度、有责任感和同情心等。

在英语教学中，了解“绅士精神”的背景知识可以帮助学生更好地理解英语中的相关词汇和表达方式，如 gentleman、gentle、courtesy 等。同时，这种价值观念也可以引导学生了解和尊重英国的文化传统和价值观念。

了解“绅士精神”的价值观念还可以帮助学生更好地理解和欣赏英国文学和艺术作品中的人物形象和情感表达。在许多英国经典文学作品，如《简·爱》《傲慢与偏见》等中，绅士形象常常扮演着重要的角色，代表着英国文化中的一种精神和价值取向。了解“绅士精神”的价值观念可以帮助学生更好地理解这些作品中的文化内涵和情感表达，提高学生的文学鉴赏能力和思考能力。

二、利用互联网开展英语文化教学的方式

（一）制作文化教学课件

利用多媒体技术和互联网资源制作英语文化教学课件，增加学习趣味性和互动性，提高学习效果。

第一，英语文化教学课件采用了多媒体技术，可以通过图像、音频、视频等形式生动形象地呈现文化知识，增强学生的学习兴趣和体验。相较于传统的纸质课本，英语文化教学课件能够更好地满足学生多样化的学习需求，帮助学生更快速地理解和掌握英语文化知识。

第二，英语文化教学课件利用了互联网资源，可以通过各种网络资料进行素材搜集，满足学生对文化背景和文化细节深入探究的需求。而这些素材一旦制作成课件，就可以随时随地被学生和教师所使用，提高了英语文化教学的便捷性和实用性。

第三，英语文化教学课件具有互动性，可以通过各种形式的互动设计，如小测验、问题解答、讨论等形式，激发学生的思考和探究能力，增强学习效果。通过多种互动形式的设计，学生可以积极参与课堂，体验到一种互动的学习氛围，从而更好地吸收文化知识，提升文化素养。

（二）开设英语文化教学的网络课程

通过互联网开设英语文化教学的网络课程，学生可以在家中自主学习，提高了学习的灵活性和自主性。

首先，通过互联网开设的有关英语文化教学的网络课程可以提供更加灵活的学习方式。学生可以自由选择时间和地点，在家中自主学习英语文化知识，不受时间和空间的限制，更好地安排自己的学习时间和计划。相对于传统的面授课程，网络课程更加具有自主性和个性化，可以满足学生多样化的学习需求。

其次，通过互联网开设的英语文化教学的网络课程可以充分利用互联网中的英语文化资源，为学生提供更加生动、形象的学习体验，提高学生的学习兴趣。此外，通过网络课程还可以引导学生对文化知识进行更深入的了解和探究，拓宽学生的视野和思路。

最后，通过互联网开设英语文化教学的网络课程具有互动性。学生可以通过在线讨论、网络测试等形式与教师和其他学生交流英语文化知识，分享学习心得和体验，在提高自身文化素质的同时可以提高自身的合作能力和交流能力。教师可以通过网络课程提供在线答疑和辅导服务，为学生提供更加个性化的学习指导和支持。

总而言之，开设网络课程是一种有效地利用互联网资源的教学方式，可以为学生提供灵活、自主、生动的学习体验，提供更加便捷和个性化的学习服务，促进学生的文化素养和跨文化交际能力的提高。

（三）充分利用各种在线文化资源

利用互联网提供的在线文化资源是一种非常有利的文化教学方式，它可以通过互联网将海量文化资源呈现给学生，让学生通过网络深入了解不同文化的历史、发展和背景，同时可以为学生提供丰富的学习材料，以拓宽学生的视野和增强其跨文化交际能力。

其中，数字图书馆是一种重要的文化资源，可以为学生提供丰富的文化资料。通过数字图书馆，学生可以访问多种数字化文献资源，如历史文献、文学作品、政府文件等，从而更深入地了解不同的历史、政治和文化。此外，还可以利用数字图书馆进行文献检索和查阅，以提高学生的文献检索能力和阅读能力。

博物馆网站是另一种非常有用的文化资源。学生可以通过博物馆网站了解不同国家的文化、历史和艺术，还可以通过虚拟博物馆参观世界各地的博物馆，深入了解不同国家的不同文化。同时，博物馆网站还提供了丰富的线上展览和文物介绍，为学生提供了一种全新的学习体验。

历史文献数据库是另一种重要的文化资源，它可以为学生提供多样化的历史文献资料，让学生更深入地了解的历史。通过历史文献数据库，学生可以访问多种历史文献资源，从而更好地了解不同文化的历史和发展。

（四）开展网络文化交流

利用互联网开展网络文化交流是一种非常有利的文化教学方式，它可以为学生提供与交流的平台，促进不同文化之间的交流和理解，进一步提高学生的文化素养和跨文化交际能力。

1. 利用社交媒体平台进行文化交流

社交媒体平台可以为学生提供方便、快捷、广泛的交流渠道，可以让学生通过网络与海外文化爱好者建立联系，分享文化体验和见解。通过社交媒体平台，学生可以了解到不同国家人们的生活方式、价值观等，进一步促进跨文化交流和理解。

2. 通过网络视频会议等工具开展跨文化交流活动

通过网络视频会议等工具，学生可以与海外文化爱好者进行实时交流，可以进行文化展示、演讲、讨论等活动，增强学生的交际能力和表达能力。同时，通过网络视频会议等工具，还可以邀请专家学者举行文

化讲座，提高学生的文化素养和跨文化交际能力。

3. 通过网络文化交流平台进行文化交流活动

网络文化交流平台可以为学生提供一个专门的交流平台，让学生在平台上发布自己的文化见解和体验，与其他文化爱好者进行交流和互动。同时，平台上还可以提供多种文化资讯和学习资源，如文化活动信息、文化新闻、文化讲座等，帮助学生深入了解和体验不同文化。

（五）创设英语文化教学情境，营造文化氛围

利用互联网创设英语文化教学情境是提高学生英语学习兴趣和促进英语文化教育的有效方式。

首先，通过网络游戏、虚拟实境等方式，可以让学生置身于虚拟的英语文化环境中，增强学生的参与感和沉浸感。例如，学生可以在虚拟的英国博物馆参观展览，了解英国历史文化，或者在虚拟的英国城镇中与当地居民交流，提高英语交际能力。

其次，利用网络资源如英语新闻、电影、音乐等，可以让学生更深入地了解英语国家的文化，营造英语文化氛围。学生可以通过观看英语电影、听英语音乐来了解当地的文化习俗，同时通过阅读英语新闻了解当地的社会政治情况，从而加深学生对英语国家的文化认识，拓宽视野，提高英语交际能力。

最后，通过互联网技术可以搭建英语文化交流平台，鼓励学生与外国友人交流和互动，增强学生的跨文化交际能力。例如，学生可以通过互联网与海外英语学习者进行交流和讨论，分享彼此的文化体验和见解，从而加深对英语文化的理解和认识。

总的说来，利用互联网创设英语文化教学情境，可以提高学生英语学习的兴趣和参与度，增强学生的跨文化交际能力和理解能力，促进英语文化教育的全面发展。

（六）进行英语意义建构，提高语言表达能力

利用互联网进行英语意义建构是英语学习中的重要环节。互联网可以提供丰富的英语文化素材，如英文网页、英文文章、英文广告等，学生可以通过阅读和分析这些文本，了解英语表达的语境和含义，加深对英语单词、短语、句子的理解和掌握。

同时，互联网也为学生提供了诸多工具和资源，如翻译工具、词典等，帮助学生进行英语意义建构，提高学生的语言表达能力和翻译水平。学生可以利用翻译工具进行单词和句子的翻译，同时学习其中的语言用法和表达方式，从而拓展词汇量，提高语言表达能力。而利用词典则可以深入了解单词的各种含义、用法和搭配，更加准确地理解和使用英语单词。

除此之外，利用互联网进行英语意义建构还可以帮助学生进行自主学习和独立思考，促进学生的学习能力和思维能力的发展。通过阅读和分析英文材料，学生可以自主思考和理解其中的内容和语言，从而培养学生的自主学习和独立思考能力。

总之，利用互联网进行英语意义建构，可以为学生提供丰富的英语文化素材和各种工具资源，帮助学生加深对英语单词、短语、句子的理解和掌握，提高学生的语言表达能力和翻译水平，同时促进学生的自主学习和独立思考能力的发展。

（七）组织会话，展示英语学习成果

利用互联网组织会话，可以为学生提供一个全新的英语学习平台。通过网络会话，学生可以与海外英语学习者进行交流和讨论，展示自己的英语学习成果，从而提高自己的表达能力和交际能力。学生可以在网络会话中与其他学生交流和探讨英语学习中的问题和难点，分享学习经验和方法，促进学习效果的提高。

网络会话还可以让学生了解到不同地区的英语学习情况，学习不同地区的英语口音和用法，从而拓宽视野，增加学习动力。同时，网络会话还可以让学生接触不同文化的人们，了解不同文化背景下的英语学习和使用情况，从而增强学生的文化意识和文化素养。另外，网络会话也可以利用各种在线语言工具，如在线翻译、语音识别等，帮助学生进行英语学习和交流。这些在线工具可以帮助学生更加准确地表达自己的想法和观点，同时可以帮助学生更加深入地了解英语的语音和用法。

总而言之，利用互联网组织会话，可以为学生提供一个全新的英语学习平台，增强学生的交际能力和表达能力，拓宽学生的视野和文化素养，同时可以利用各种在线语言工具，帮助学生进行英语学习和交流，从而提高学习学习效果。

第四节　精神调控——情感教学

一、关于英语情感教学

（一）英语情感教学的内容

英语情感教学是指通过教学手段和方法，培养学生对英语学习的情感投入和积极性，提高学生的学习兴趣和学习效果。其中，英语情感教学的内容包括四个方面：培养学生对英语学习的兴趣和热爱；培养学生对英语学习的信心和自我管理能力；培养学生对英语学习的积极态度和学习动力；培养学生的英语学习能力和实际应用能力。

（二）英语情感教学的原则

1. 移情原则

移情原则是英语情感教学的重要原则之一，它强调英语教师需要从学生的角度出发，理解学生的情感需求和学习状况，建立起师生之间的情感联系，激发学生的学习热情和兴趣。移情原则不仅是教师在教学过程中的一种策略，也是一种教学态度和教学理念，能够有效地提高教学效果，促进学生的全面发展。

要实现移情原则，英语教师需要具备高度的敏感性和同理心，能够深入了解学生的个性特点、学习习惯和兴趣爱好等，从而为学生提供个性化、针对性的教学和指导。在教学实践中，英语教师可以采用多种方式实现移情原则，如了解学生的家庭和社交情况、与学生建立积极的互动关系、为学生提供情感支持和鼓励等。

移情原则的实践能够有效地促进教学效果的提高和学生的全面发展。通过了解学生的情感需求和学习状态，英语教师可以根据学生的个性特点和兴趣爱好，灵活地设计和组织教学活动，激发学生的学习热情和兴趣。此外，通过与学生建立情感联系，英语教师可以提高学生的学习信心和自我意识，增强学生的学习动力，为学生未来的发展打下坚实的基础。

2. 寓教于乐原则

寓教于乐原则是指在教学过程中，将趣味元素融入教学，让学生在愉悦的氛围中学习知识。对于英语情感教学而言，这一原则非常重要。英语作为一门外语，往往会让学生感到枯燥、乏味，如果没有趣味化的教学方式，学生很容易失去学习的兴趣。因此，英语教师需要设计各种趣味化的教学活动，如英语游戏、英语歌曲、英语影视等，来吸引学生的注意力，提高学习效果。

寓教于乐的教学方式有助于创造轻松自然的学习环境，让学生更愿意参与学习。例如，英语教师可以通过音乐教学来提高学生的英语语感，让学生通过唱歌、跳舞等方式感受英语的韵律和节奏；还可以通过英语电影、英语综艺等方式让学生感受到英语的生动性和实用性。在趣味化的教学氛围下，学生可以更加放松、自然地学习英语，同时能够提高学习效果。

总之，寓教于乐的教学方式是一种非常有效的英语情感教学策略，可以增加学生的学习兴趣，提高学习效果。英语教师需要根据学生的兴趣爱好和学习需求，巧妙地设计趣味化的教学活动，将学生带入愉悦、自然、轻松的学习氛围中。

3. 以情施教原则

以情施教原则是英语情感教学的重要原则之一。英语教师应该关注学生的情感需求和学习风格，尊重学生的差异性和个性特点，因材施教，采用个性化的教学方式和方法，让学生感受到教师的关心和尊重，从而激发学生的学习兴趣和积极性。这种个性化的教学方式可以根据学生的兴趣、爱好、学习习惯等因素来确定，让学生在愉悦的氛围中自然地掌握英语知识和技能。

（1）以情施教原则也需要英语教师具备一定的情感素养。英语教师需要具备理解、体验、共情、包容、鼓励等情感素养，通过教学实践来实现对学生的情感教育。英语教师应该注重与学生的沟通和互动，关注学生的情感体验和感受，鼓励学生敢于表达自己的情感。

（2）以情施教原则需要英语教师具备一定的教学技能和方法。英语教师可以通过创设情境、引导情感体验、开展情感教育等方式来实现情感教学的目标。例如，英语教师在教学中可以创设有趣的情境，通过角色扮演、游戏、情感交流等方式来引导学生进行情感体验，帮助学生更好地理解和运用英语。同时，英语教师还可以运用情感故事、情感音乐等教学资源，让学生在情感体验中感受英语的魅力和趣味。

二、利用互联网开展英语情感教学的优势

（一）有效激发学生学习英语的兴趣

利用互联网进行情感教学，可以为学生提供更加多样化和趣味化的学习资源，如英语学习游戏、英语音乐、英语影视等，这些资源可以有

效地激发学生的学习兴趣和积极性。其中，英语学习游戏是一种非常受学生欢迎的教学方式。学生可以通过游戏的形式来学习英语单词、句型、语法等，在轻松、自然、愉悦的氛围中学习英语，从而提高学习效果。英语音乐和英语影视则可以通过音乐和电影的形式，让学生感受到英语的美妙和魅力，同时可以提高学生的英语听力和口语表达能力。

（二）实现多向合作学习，培养学生的合作精神

利用互联网进行情感教学，可以实现多向的合作学习，促进学生之间的互动和交流，有助于培养学生的合作精神和团队意识。学生可以通过互联网工具进行协作学习，如在线讨论、协作文档等，可以与同学一起完成英语学习任务，分享学习心得和经验，互相帮助和支持。通过这种方式，学生可以更好地理解英语学习内容，从而提高学习效果。

此外，利用互联网开展情感教学，可以通过虚拟社区的形式，建立学习社群和文化圈子，增强学生的学习交流和互动。学生可以在网络社区中与同学、教师以及其他英语学习者进行交流和互动，分享学习心得和体验，扩宽知识视野，促进英语学习的全面发展。这种社区化的学习方式，不仅可以培养学生的学习兴趣，还可以通过互联网丰富教学资源，拓宽教学手段，进一步促进英语情感教育。在传统的情感教育中，教师通常通过课堂演讲、互动游戏、小组讨论等方式，引导学生思考、交流，提高情感素养。而互联网的应用可以为这些传统方法提供更多的可能性。例如，利用网络直播技术，可以将现场活动带到更广泛的受众群体中，让更多的学生参与情感教育。英语情感教育与文化传播紧密相关，学生通过互联网可以了解不同国家、不同文化的情感表达方式，拓宽视野，增强情感体验。此外，英语教师可以利用在线论坛、微博、微信等社交平台，建立英语情感教育的交流平台，促进学生之间的互动、交流、合作，增强学生的情感体验和情感理解能力。

互联网的在线学习资源也为英语情感教育提供了更加丰富的内容。

英语情感教育不仅涉及词汇、语法等语言知识，还包括人际交往、社会情感、文化情感等多方面的内容。在互联网上，学生可以通过电子书、电影等资源，深入了解英语国家的文化与情感表达方式，进一步提升自身情感理解能力。

（三）提供更加灵活和自主的学习方式

学生可以通过在线学习平台、学习 App 等工具，自主选择学习的时间和地点，按照自己的节奏进行学习，充分发挥自主学习的优势。同时，教师也可以利用互联网提供的在线教学工具，开展网络直播、在线答疑等活动，与学生进行及时的互动和反馈，进一步促进情感教育的有效实施。

总之，利用互联网开展情感教育具有多方面的优势。除了激发学生的学习兴趣和拓展学习资源外，互联网还可以促进学生之间的互动、交流和合作，培养学生的合作精神和情感理解能力，进一步提高英语情感教育的有效性和实效性。

三、利用互联网开展英语情感教学的方式

（一）了解学生的情感状态和需求，设计个性化的教学活动

为了更好地进行英语情感教学，英语教师需要在课程设计之初就充分了解学生的情感状态和需求。这可以通过在线问卷调查、心理测评工具或在线讨论等方式实现。英语教师在了解到学生的情感背景后，可以根据这些信息调整教学策略，以便更好地满足学生的需求。基于学生的情感需求，英语教师可以设计各种个性化的教学活动，如在线小组讨论、角色扮演或情景模拟等，这些活动有助于提高学生的英语水平。通过这些活动，学生可以互相交流、分享经验，从而更好地理解自己的情感需求。

（二）巧妙利用多媒体，调动学生的情感

英语教师可以借助多媒体手段，为学生创造出生动、活泼、富有感染力的情景画面，这样可以激发学生的学习兴趣。

1. 利用多样化的多媒体资源

英语教师在互联网英语教学中可以利用多样化的多媒体资源，如图片、视频或音频等，激发学生的兴趣和好奇心，调动学生的情感，使之积极投入到英语学习中。这些资源可以帮助学生更直观地理解课程内容，同时可以为英语教师提供丰富的教学素材，有助于打破传统教学模式的局限。

2. 引导学生主动参与交流和分享

英语教师还可以使用网络课堂、在线讨论板等平台，引导学生主动参与交流和分享。通过这些平台，学生可以在学习过程中互相帮助、鼓励，形成良好的学习氛围。此外，英语教师还可以通过在线讨论等形式，及时关注学生的情感变化，提供必要的支持和关怀。这样的互动不仅有助于提高学生的情感参与度，还能促进他们在学习过程中形成积极的心态。

（三）开展多元评价，进行情感关怀

互联网大大拓展了评价的方式，英语教师可以利用互联网对学生开展多元评价，也可以从情感角度对学生展开评价，进行情感关怀。

1. 实施多元化的评价方式

在互联网英语教学中，英语教师可以利用在线测试、作业提交、互评、小组讨论等方式开展多元评价。这些评价方式可以帮助英语教师全面、客观、公正地了解学生的学习情况，从而为学生提供更精准的指导和支持。同时，多元评价也有助于英语教师发现学生在学习过程中可能存在的情感问题，从而及时提供关怀和帮助。

2. 关注学生的情感表现

在评价过程中，英语教师除了关注学生的学术成绩外，还需要关注学生的情感表现。这包括学生在课堂中的积极参与、合作态度、自我激励等方面。通过观察学生的情感表现，英语教师可以更好地了解学生的需求和问题，为学生提供针对性的关怀和支持。

3. 提供情感关怀与支持

在进行多元评价的过程中，英语教师应关注学生的情感需求，提供情感关怀与支持，可以通过定期对学生进行一对一辅导、组织心理健康讲座、提供心理咨询等方式。通过这些方式，英语教师可以帮助学生建立健康的情感认知，提高学生的心理素质，从而使学生在学术和情感方面取得更好的成果。

（四）创建在线课程和教育平台

创建关于情感教育的在线课程和教育平台首先需要明确课程目标和教学内容，分阶段制订详细的课程计划。然后，选择合适的在线课程制作工具，并设计课程的整体结构。在制作课程内容时，注重内容的质量和可理解性，尽量使用生动、有趣的教学方式。为提高学生的学习兴趣和参与度，英语教师应设计各种互动环节，鼓励学生积极参与。此外，还要制订评估标准，确保评估过程公平、客观，真实反映学生的学习效果。

完成课程制作后，将课程上线至所选的教育平台，并通过各种途径向目标学生群体推广课程。在教学过程中，英语教师应鼓励学生提供课程反馈，定期评估课程效果，根据反馈和评估结果，持续改进课程内容、教学方法和评估标准。为了提高学生的学习效果，英语教师应提供在线支持和辅导服务，解答学生在学习过程中遇到的问题。最后，英语教师应关注情感教育领域的最新研究和动态，定期更新和扩展课程内容，确保课程的实用性和针对性。

第五章　英语教学在“互联网 + 教育”中的教学新模式

在“互联网 + 教育”背景下，英语教学正经历着一场深刻的变革。传统的教学模式已逐渐被新型的教学模式所取代，这些新模式更加注重个性化、互动性和多元化。本章主要从慕课教学、微课教学、翻转课堂教学、混合式教学、移动网络教学这几大模式来论述英语教学在“互联网 + 教育”中的变革。

第一节　英语教学与慕课教学模式

一、慕课教学的内容与特征

（一）慕课教学的内容

慕课教学内容涵盖了各个学科领域，包括英语教学。在英语教学中，慕课主要包括以下内容：基础英语知识（词汇、语法等）、听说读写能力训练、英语文化背景知识、学术英语和专业英语等。这些内容旨在全面提高学生的英语水平，提升其英语应用能力。

（二）慕课教学的特征

1. 开放性

慕课教学具有较高的开放性，使学生可以根据自己的需求和兴趣选择课程，打破了传统的时间和空间限制。学生可以随时随地访问慕课平台，无论身处何地，只要有网络连接，就能参与学习。此外，慕课平台通常会提供免费或低成本的课程，使更多人能够接触到高质量的教育资源。

2. 大规模

慕课教学可以容纳大量学生参与，打破了传统教学模式下的师生比例限制。同时，这种大规模教学方式使教育资源更加公平地分配到每一个学习者身上，有助于缩小教育差距。

3. 互动性

慕课教学通过网络平台实现教师与学生、学生与学生之间的实时互动，增强了学习者之间的交流与合作。学生可以通过论坛、在线讨论、问答等方式与其他学生和教师进行互动，分享学习心得、解决疑难问题，提高学习效果。此外，慕课平台上的评测和作业系统也为学生提供了及时反馈，帮助他们了解自己的学习进度和不足之处。

4. 个性化

慕课教学允许学生根据自身需求和进度进行自主学习，满足个体差异化的学习需求。每个学生可以根据自己的兴趣和实际情况选择合适的课程，调整学习进度和难度。这种自主学习方式有助于激发学生的学习兴趣和动力，提高学习效果。同时，慕课平台上的数据分析功能可以帮助教师了解学生的学习情况，为学生提供个性化的指导和建议。

二、慕课教学模式对英语教学的意义

（一）有利于构建完整的英语教学体系

慕课教学模式可以丰富英语教学资源，为学生提供更多样化的学习内容和方法，有利于构建一个完整的英语教学体系，提升教学质量和效果。

慕课教学模式的引入，使英语教学不再局限于传统的课堂教学形式。线上课程和线下课堂相结合，为学生提供了多元化的学习途径，激发了学生的学习兴趣。慕课平台汇聚了世界各地优质的英语教育资源，使学生能够接触到不同文化背景的教学内容和方法。这有助于培养学生的全球视野和跨文化交际能力。慕课教学模式鼓励英语教师利用丰富的多媒体资源设计课程，如音频、视频、动画等，这些生动的表现形式可以提高学生的理解力和记忆力，使英语学习更加高效。通过慕课教学模式，英语教师可以实时掌握学生的学习进度和问题，根据学生的需求调整教学策略，从而提高教学质量。慕课教学模式的实施有助于促进教育公平，打破地域、经济等因素对英语教学的限制，使更多学生能够接触到优质的英语教育资源。

（二）有利于增强互动，提升学生学习英语的热情

慕课教学模式通过在线互动，让英语教师和学生之间的沟通更加便捷。英语教师可以针对学生的问题进行解答，及时提供反馈和指导，从而提高学生对英语学习的信心。此外，慕课平台上的讨论区、小组互动等功能，使学生能够与其他学习者交流，分享学习心得和经验，从而激发学生学习英语的热情。同时，通过在线竞赛、互动游戏等活动，英语教师可以让学生在轻松愉快的氛围中学习英语，提高他们的学习兴趣和积极性。

（三）有利于提升学生的自主性

慕课教学的开放性为学生提供了更多的学习选择。学生可以根据自己的需求和兴趣，自主选择适合自己的课程和学习内容。这种学习方式鼓励学生按照自己的节奏安排学习进度，有效降低了学习压力，提高了学习效果。

同时，慕课教学的开放性也有助于培养学生的自主学习能力和责任感。在慕课教学过程中，学生需要自行规划学习时间、完成作业和参与互动，这些过程都要求学生具备较强的自律性和主动性。长期的自主学习能够让学生逐渐养成良好的学习习惯，增强自我管理能力，从而更好地适应未来的学习和工作挑战。

三、慕课教学模式下英语教学策略

慕课作为一种新兴的在线教育形式，近年来在英语教学领域受到了广泛关注。慕课教学模式具有诸多优点，如资源丰富、互动性强等。因此，为了提高教学质量，英语教师可以采取以下策略。

（一）促进传统英语教学与慕课教学的结合

促进传统英语教学与慕课教学的结合可以从课前预习、课堂互动、课后巩固、反馈与调整等方面来促进英语教学的升级。

在课前预习阶段，英语教师可以引导学生在上课前观看慕课课程视频，了解课程的基本内容和重点。通过课前预习，学生能够提前熟悉课堂知识，为课堂讨论和活动做好准备。在课堂互动阶段，英语教师可以利用慕课平台的互动功能，组织学生进行分组讨论、角色扮演、口语实践等活动。这些活动有助于激发学生的学习兴趣，增强他们的沟通能力和团队协作能力。在课后巩固阶段，英语教师可布置慕课课程相关的作业和练习，以巩固学生在课堂上学到的知识。此外，英语教师还可以鼓励学生参加慕课平台上的在线测试、讨论区交流等，以检验学生的学习成果并促使他们持续学习。在反馈与调整阶段，英语教师应定期收集学生关于课程的反馈，及时了解学生的学习进度和困难。根据学生的需求和表现，英语教师可以适时调整教学策略和课程内容，以提高教学质量和效果。

（二）通过慕课资源提升学生的英语文化素质

英语教师可以通过慕课资源全面介绍英语国家文化，向学生全面介绍英语国家的风俗、传统、艺术和文学等方面的知识，拓宽学生的视野，加深学生对不同文化的理解和欣赏。此外，慕课平台提供了丰富的多媒体资源，如视频、播客、文章和互动模块等。英语教师可以运用这些资源，创造生动有趣的课堂，激发学生的学习兴趣，帮助学生更好地了解英语国家的文化。

在日常教学中，英语教师可以鼓励学生参加慕课相关竞赛。这些比赛为学生提供了一个展示自己才能、提高英语水平和培养良好竞争意识的机会。在课下，英语教师还可以组织基于慕课内容的团队活动，以培养学生的团队合作意识、批判性思维和解决问题的能力。这些活动可以包括合作研究项目、辩论或关于英语国家文化方面的报告。

（三）将慕课教学融入教学评价体系

随着信息技术的飞速发展，慕课作为一种新型的在线教育模式，在全球范围内得到了广泛的关注和应用。为了更好地实现教育资源的共享与优化，提高教学质量，将慕课教学融入教学评价体系至关重要。

1. 将慕课成果纳入成绩评定

慕课平台上的学习进度和成果可作为课堂成绩的一部分，以激发学生在慕课平台上的学习积极性。首先，将慕课成果纳入成绩评定有助于提高学生的学习动力。将慕课成果纳入成绩评定可以使学生更加重视在线学习，从而提高他们的学习动力和自主学习能力。其次，促进学生主动参与。通过将慕课成果纳入成绩评定，学生将更加积极地参与线上课程，提高学习效果。再次，弥补传统教学评价体系的不足。传统的教学评价主要依赖于期末考试和平时作业，而慕课成果的纳入可以使评价体系更加全面，真实地反映学生的学习状况。最后，可以提高英语教师对学生学习状况的了解。通过慕课平台的数据分析，英语教师可以更准确地掌握学生的学习进度和问题，为教学改进提供依据。

2. 利用慕课测评工具进行在线测试

英语教师可以使用慕课平台提供的测评工具，定期对学生进行在线测试，了解学生的学习进度，为教学改进提供依据，其步骤包括注册、登录、创建课程、设计测试、发布测试、学生答题、自动评分与反馈等。

（1）注册并登录慕课平台。英语教师和学生需要在慕课平台上注册并创建账户。这通常需要提供姓名、邮箱地址、密码等基本信息。

（2）创建课程。英语教师需要在慕课平台上创建课程，填写课程名称、简介、学习目标等信息，并邀请学生加入。

（3）设计测试。英语教师可以根据教学内容和学生的学习进度，设计不同类型的测试题目（如选择题、填空题、简答题等），并设置测试时间、分数等参数。

（4）发布测试。英语教师在测试设计完成后，可以将其发布到慕课平台上，供学生进行答题。同时，英语教师可以设置答题截止日期，以确保学生按时完成测试。

（5）学生答题。学生在英语教师发布的测试中进行答题。在线测试可以在任何时间、任何地点进行，学生可以根据自己的进度安排答题时间。

（6）自动评分与反馈。慕课测评工具会自动对学生的答案进行评分，并生成测试报告。学生可以查看分数、答案解析等信息，了解自己的掌握程度。

（四）实现慕课教学的多元化功能

英语教师可以根据学生的特点和需求，开发和推荐适合学生的慕课课程。在实现慕课教学的多元化功能时，英语教师需要密切关注学生的特点和需求。通过了解学生的学习兴趣、基础水平和学习目标，英语教师可以筛选和推荐更适合学生的慕课课程。此外，英语教师还可以关注课程的更新和行业动态，以便及时调整课程内容，满足学生的最新需求，提高课程的针对性和实用性。

英语教师可以利用慕课平台的资源，设计丰富多样的教学活动，提高学生的学习兴趣和参与度。这些活动包括在线讨论、小组协作、项目实践等，旨在激发学生的学习兴趣，提高他们的参与度。英语教师还可以通过平台的互动功能，实时关注学生的学习进度和反馈，及时调整教学策略，确保教学效果。同时，英语教师可以根据不同学生的特点和需求，制订个性化的教学任务和挑战，帮助学生更好地发挥自己的潜能，实现全面成长。

慕课教学可以采用多种教学方式，如同步直播、录播课程、实践操作等，为学生带来丰富的学习体验。英语教师还可以运用虚拟实验、模拟操作等先进技术，为学生提供更为真实的实践环境，帮助他们将理论知识应用到实际操作中。通过多元化的慕课教学功能，英语教师能够更好地激发学生的学习兴趣，培养他们的创新思维和动手能力。此外，英语教师可以将慕课教学与传统课堂教学相结合，创造出更加丰富、多样的教学模式，从而更好地满足学生的个性化需求。

第二节　英语教学与微课教学模式

一、微课的产生背景、内涵与特征

（一）微课的产生背景

1. 信息技术的发展

随着互联网技术、移动设备和数字化教学资源的迅速发展，网络教育和在线学习成为可能。微课作为一种新型的在线课程形式，正是这些技术发展的产物。

具体来说，随着信息技术的不断发展，互联网逐渐渗透人们的日常生活，大大改变了人们的学习方式。互联网技术的普及和高速发展，使在线教育成为现实，为人们提供了更加便捷、多样化的学习途径。移动设备如智能手机、平板电脑等的普及，让在线学习变得更加便捷，满足了人们随时随地学习的需求。同时，数字化教学资源的迅速发展为在线学习提供了丰富的内容。在这些技术发展的基础上，微课应运而生，成为一种新型的在线课程形式。

2. 教育观念的变革

随着教育观念的不断更新，人们对于教育的需求也在发生变化。现代教育强调个性化、自主学习和终身学习，而微课恰好符合这些需求，使学习更加贴近个体，更加便捷高效。微课能够为学生提供个性化的学习内容，让他们在自主的学习过程中不断成长。微课的便捷性和高效性使学习变得更加个性化，满足了现代教育的发展需求。

3. 学习需求的多样化

在快节奏的现代生活中，人们对于学习的需求日益多样化。微课作为一种轻量级的学习方式，能够满足不同人群的学习诉求，为各年龄层、各行业的人们提供了灵活、便捷的学习途径。

随着社会进步和科技发展，人们对于知识的需求随着社会进步和科技发展不断增加，对于学习方式的要求也越来越高。在这样的背景下，学习需求多样化的特点愈发明显。微课作为一种轻量级的学习方式，能够满足这种多样化的需求。无论是学生职场人士，都可以在微课中找到适合自己的学习资源。这种多样化的学习方式既能满足个人兴趣的培养，也能为职业发展提供帮助。

微课的多样化表现在内容、形式和教学方式等方面。在内容上，微课覆盖了各个学科领域，包括语言学习、艺术、科学、技能培训等，为学习者提供了丰富的选择。在形式上，微课采用了视频、音频、动画等多种展示形式，增加了学习的趣味性，提高了学习效果。在教学方式上，微课强调个性化和自主学习，使学习者能够根据自己的需求、兴趣和进度来安排学习计划，取得较好的学习效果。

4 教育资源的整合与共享

微课的产生与发展得益于教育资源的整合和共享。越来越多的教育机构、企业和个人都参与了微课的制作与传播，共同促进了教育资源的优化配置，使更多的学习者受益。

在过去，教育资源往往受限于地域、设施等因素，导致资源分布不均，难以满足不同的学习需求。然而，随着互联网技术的发展，教育资源得以整合和共享，打破了时间和地域的限制。微课作为教育资源整合的一个载体，汇集了来自世界各地的优质资源，使人们可以随时随地获取所需的知识。这种共享式的教育资源配置方式为人们提供了更多的学习机会。

5. 社会对教育质量的关注

现代社会对教育质量的关注度不断提高，对教学方法的要求也在不断改变。微课作为一种高效、有趣的教学方式，能够引起学生的兴趣，提高他们的学习积极性，从而提高教育质量。

社会对教育质量的关注不仅体现在对学生的知识和技能的培养上，

还体现在学生的个性发展、创造力和综合素质上。因此，教育工作者和相关机构越来越重视寻求创新的教学方法，以提高教育质量。微课作为一种新型的教学方式，以其独特的优势吸引了众多教育工作者的关注。

微课通过短时高效、便捷灵活的学习方式，让学生更容易投入学习。这种方式有利于激发学生的学习兴趣，提高他们的学习积极性。同时，微课中的互动参与环节也有助于培养学生的沟通能力和团队协作能力，为他们的个性发展和综合素质的提升提供了支持。此外，微课的普及和推广还有助于改变传统的教育模式，促进教育资源的公平分配。通过微课，优质的教育资源可以得到更广泛的传播，使更多的学生受益。这种平等获取教育资源的机会有助于提高整体的教育质量，实现教育公平。

总的来说，微课在信息技术发展、教育观念变革、学习需求多样化、教育资源整合与共享和社会对教育质量关注的背景下应运而生。它以独特的优势，满足了现代社会日益增长的学习需求，为提高教育质量、实现教育公平提供了有力支持。微课作为一种新型的教学方式，将在未来的教育领域中发挥越来越重要的作用。

（二）微课的内涵

微课，顾名思义，是指小型、精练的在线课程。它通常包含一个完整的教学目标，以短时、高效为特点，能够在较短时间内帮助学生掌握某个具体知识点或技能。微课通常以视频、动画、演示等形式呈现，辅以互动、讨论、练习等环节，以提高学生的学习兴趣和参与度。因其便捷、高效的特点，微课成了当代教育的一种重要形式，受到广大师生的喜爱和追捧。

（三）微课的特征

1. 短时高效

微课以精练的内容和短时间为特点，使学生能够在有限的时间内迅速掌握知识点，提高学习效率。微课采用精简的教学内容，聚焦于一个或几个核心知识点，将复杂的概念浓缩为易懂的表述，帮助学生迅速理解并掌握。短时间的课程设置使学生能够在有限的时间内完成学习任务，提高了学习效率。此外，微课的时间限制有助于保持学生注意力的集中，减少分心和疲劳感。同时，短时高效的学习方式也适应了现代社会快节奏的生活方式，满足了人们碎片化学习的需求。

2. 便捷灵活

微课作为一种在线学习形式，可以随时随地进行，只要学生有网络和相应的学习设备，就可以自由安排学习时间和地点。这种灵活性使学生能够更好地平衡学习、工作和生活，打破了学习时间和空间的限制。此外，学生可以根据自己的需求和进度来选择合适的微课，调整学习节奏，实现个性化学习。这种便捷灵活的学习方式有助于提高学生的学习效果，增强学生学习的积极性和自主性。

3. 丰富多样

微课不仅涵盖了各个学科领域的知识点，还采用了丰富多样的表现形式，如视频、音频、动画等。这些多样化的教学手段有助于吸引学生的注意力，激发他们的学习兴趣。微课通过将抽象的知识点以具象的方式呈现，可以帮助学生更直观地理解和掌握知识。同时，多种表现形式使学生在学习过程中不容易感到枯燥，有利于维持他们的学习热情。

4. 互动参与

微课通常会设置互动环节，如讨论、问答等，鼓励学生参与交流，提高他们的学习兴趣和参与度。在微课中，教师和学生之间的互动是至关重要的。通过设置讨论区、问答环节、在线测试等互动环节，学生可以在学习过程中与教师和同学进行交流。这种互动方式有助于学生在学习过程中遇到问题时能及时获得解答，加深对知识点的理解。同时，互动交流也有助于培养学生的团队合作意识和沟通能力。与此同时，教师可以根据学生在互动环节的表现，实时了解他们的学习进度和掌握程度，为学生提供针对性的指导和帮助。这种实时反馈机制有利于教师及时调整教学方法和策略，提高教学质量。互动参与还可以激发学生的学习兴趣和积极性。在互动过程中，学生可以发表自己的观点、提出疑问、分享学习心得，形成良好的学习氛围。这种互动式学习方式有助于学生在轻松愉快的氛围中掌握知识，提高学习效果。

二、英语微课教学模式的实施方式

（一）开门见山式英语微课教学模式

1. 开门见山式英语微课教学模式的内涵

开门见山式英语微课教学模式是一种直接、高效的教学方式，英语教师在课程开始时就明确地提出主题和目标，迅速引导学生进入学习状态。这种模式强调关键知识点的呈现和讲解，使学生能够在短时间内掌握所学内容。在微课教学过程中，英语教师可以运用动画、图片、图表等多媒体素材，辅以生动的实例和解析，帮助学生更好地理解和记忆知识点。此外，为了巩固所学知识，英语教师还可以设计简短的练习题和互动环节，提高学生的学习兴趣和参与度。

开门见山式英语微课教学模式的意义在于它能够迅速传递核心知识点，帮助学生在短时间内高效地掌握关键信息。这种教学模式以简洁、明了的表述为特点，减少了冗余和不必要的解释，让学生能够快速理解和吸收知识。同时，开门见山式英语微课教学模式强调直接抓住问题的关键，使学生在有限的学习时间内能够集中精力解决问题，提高学习效率。此外，开门见山式英语微课教学模式能够满足不同学生的学习需求，尤其对于学习基础较好或时间紧张的学生来说，能够帮助他们迅速巩固知识和提升知识水平。

2. 开门见山式英语微课教学模式的适用条件

（1）学习内容明确。当教学内容具有明确的知识点和目标时，采用开门见山式英语微课教学模式有助于快速传递信息，让学生迅速掌握关键知识。开门见山式英语微课教学模式在设计时将关键知识点作为核心，直接呈现给学生，避免了冗余的信息。这种方式适用于知识点明确、学习目标清晰的教学内容。学生可以迅速抓住关键点，节省学习时间。

（2）时间有限。微课的特点是短时间内高效传授知识，对于时间紧张的学生来说，开门见山式英语微课教学模式能帮助他们在有限的时间内掌握所需知识。这种方式更适合那些无法长时间投入学习的学生。

（3）学习基础较好的学生。对于已经具备一定英语基础的学生，开门见山式英语微课教学模式有助于他们迅速巩固和提高知识水平。这种方式让学生直接进入知识点，避免了过多的铺垫，能满足这类学生的学习需求。

（4）针对性强的教学需求。当教学需求明确且针对性强时，开门见山式英语微课教学模式能够快速满足学生的学习需求。这种方式在突出知识点的同时，也可以根据学生的具体需求进行调整，使教学更具针对性。

3. 开门见山式英语微课教学模式设计注意事项

（1）突出重点。在课程设计过程中，英语教师需要将关键知识点作为核心内容，有针对性地进行讲解。为了让学生更容易抓住重点，英语教师可以采用归纳、总结等方法，将知识点进行梳理和分类。同时，可以利用图表、流程图等形式对知识点进行可视化展示，帮助学生形成清晰的知识结构。

（2）简洁明了。保持课程内容简洁明了是微课设计的关键。英语教师应尽量避免过长和复杂的讲解，以免让学生感到困惑和疲惫。为了达到这个目标，英语教师可以在课程设计时进行适当的删减和整合，将课程内容浓缩为精练的要点，确保知识点的传递简明扼要。

（3）多媒体素材的合理运用。合理运用多媒体素材能够增强课程的生动性和趣味性。在课程设计时，英语教师可以根据知识点的特点，选择适当的图片、动画、音频等素材，以增加学生的视觉和听觉体验。这

样既可以提高学生的学习兴趣，也有助于他们更好地理解和记忆知识点。

（4）结合案例进行分析。结合实际案例进行分析是提高学生理解能力的有效方法。在课程设计过程中，英语教师可以寻找与知识点相关的实际案例，通过案例分析，帮助学生深入理解知识点在实际应用中的运用。此外，案例分析还可以帮助学生发现问题、分析问题和解决问题的能力，培养他们的实践应用能力。

（二）探究式英语微课教学模式

1. 探究式英语微课教学模式的内涵

探究式英语微课教学模式是一种以学生为中心，注重培养学生独立思考和解决问题能力的教学模式。在这种模式下，英语教师主要扮演引导者和辅导员的角色，通过设计有挑战性和启发性的课程任务，引导学生主动探究和发现知识。探究式英语微课教学模式可以有效激发学生的好奇心和探索欲望，培养他们的自主学习能力和创新精神。

探究式英语微课教学模式的意义在于它强调以学生为中心，通过激发学生的好奇心和探索欲望，引导学生主动探究和发现知识。这种教学模式有助于培养学生独立思考的能力、解决问题的能力和创新能力，使学生在学习过程中形成深刻的理解能力和应用能力。同时，探究式英语微课教学模式还能够提高学生的自主学习能力和团队协作能力，让学生在实际操作和合作中培养实践能力和沟通能力。此外，探究式英语微课教学模式能够充分调动学生的积极性，使学习过程更加生动有趣，从而提高学生的学习兴趣和成就感。总之，探究式英语微课教学模式为学生的全面发展提供了有力的支持，是一种高效、有益的教学方式。

2. 探究式英语微课教学模式的适用条件

（1）学生具备一定的自主学习能力。探究式英语微课教学模式要求学生能够独立进行知识的发现和探究，需要学生具备一定的自主学习能力。探究式英语微课教学模式鼓励学生在课程中积极主动地参与，自发地解决问题。为了实现这一目标，学生需要具备自主学习的能力，如时间管理、目标设定、信息检索、分析与评估等。只有具备这些能力的学生才能在探究式微课中有效地进行学习。

（2）教学内容具有探究价值。当英语教学内容具有一定的探究价值和难度时，探究式英语微课教学模式更能发挥优势。探究式英语微课教学模式往往涉及多个知识点的联系和融合，需要学生进行深入研究和探讨。例如，学习英语写作时，学生可以通过探究不同文体、写作技巧和修辞手法等方面的知识来提高自己的写作水平。

（3）学生具备一定的团队协作能力。探究式英语微课教学过程中，学生需要进行合作学习，分享知识和经验，要求学生具备一定的团队协作能力，常见的能力有沟通、协调、批判性思维、建设性反馈等。这些能力有助于提高学生在团队合作中的表现，促进知识的共享和传播。

（4）英语教师具备一定的引导能力。探究式英语微课教学模式要求英语教师能够在课程中为学生提供指导和支持。这意味着英语教师需要具备一定的引导能力，如提出引导性问题、激发学生的兴趣和好奇心、引导学生合理地分析和解决问题等。此外，英语教师还需要关注学生的学习进度和情感需求，为他们提供适时的帮助和鼓励，以保证探究式英语微课教学的效果。

3. 探究式英语微课教学设计注意事项

（1）设计有挑战性和启发性的课程任务。在探究式英语微课教学中，英语教师需要设计有挑战性和启发性的课程任务，以激发学生的好奇心和求知欲。这些任务应该与学生的实际水平和兴趣相匹配，同时能够帮助他们扩展知识和提高技能。英语教师可以设计多样化的任务形式，如问题解决、案例分析、实验探究等，让学生在不同的情境中体验探究的乐趣。同时，英语教师应鼓励学生提出自己的问题和设想，培养他们的创新能力和批判性思维能力。在设计任务时，英语教师还要注意把握任务的难易度，避免让学生感到过于沮丧或挫败。

（2）提供丰富的学习资源。为了支持学生的探究学习，英语教师需要提供丰富的学习资源。这些资源应该涵盖多种形式，如书籍、期刊、网络资源、实验材料等，以满足不同学生的学习需求。英语教师应指导学生学会如何检索、筛选和评估这些资源，培养他们的信息素养。此外，英语教师还可以利用社交媒体、在线论坛等平台，为学生提供与其他学习者和专家交流的机会，拓展他们的知识网络。在提供学习资源时，英语教师需要注意保持资源的更新和时效性，确保学生能够接触到最新的知识和信息。

（3）设计合理的学习过程。探究式英语微课教学应注重学习过程的设计。英语教师可以为学生设置阶段性的目标和任务，引导他们按照探究的步骤进行学习。在设计学习过程时，英语教师应考虑学生的认知特点和学习风格，确保学习过程有趣味性又具有有效性。例如，英语教师可以将学习过程划分为明确问题、收集信息、分析数据、提出解决方案等阶段，让学生在完成每个阶段任务的同时，逐步形成对知识的理解和应用。在整个学习过程中，英语教师要关注学生的学习情况，为他们提供及时的反馈和支持，帮助他们克服困难和挑战。此外，英语教师还应培养学生的自我评价和反思能力，让他们学会审视自己的学习过程，从而实现持续的自我优化和成长。

（三）情境式英语微课教学模式

1. 情境式英语微课教学模式的内涵

情境式英语微课教学模式通过为学生创设真实、生动的语境，使他们能够在实际情境中运用英语知识和技能。这种模式强调语言的实际应用和交际能力的培养。英语教师可以设计各种情景模拟活动，如角色扮演、情景对话、在线讨论等，让学生在真实的交流环境中练习英语。通过这种模式，学生能够更好地理解英语在不同情境中的运用，提高他们的英语沟通能力。

情境式英语微课教学模式的意义在于它能够将英语学习与实际生活情境紧密结合，从而提高学生的学习兴趣、积极性和实际应用能力。通过模拟真实场景，情境式英语微课教学让学生在更接近生活的环境中进行学习，使知识的传授更加贴近现实，增强学生的学习体验。同时，情境式英语微课教学能激发学生的好奇心和求知欲，使学生更加主动地参与到学习过程中来。此外，情境式英语微课教学模式强调在真实环境中培养学生的语言运用能力，有助于提高学生的英语沟通技巧，从而使学生更好地应对现实生活中的英语应用场景。

2. 情境式英语微课教学模式的适用条件

（1）具有实际应用价值的教学内容。情境式英语微课教学模式适用于具有实际应用价值的教学内容。在现代社会中，人们对英语的需求日益多样化，特别是在日常生活、商务、旅游等领域的实际应用。这些实际应用价值较高的教学内容，能够更直接地与学生的生活经验相联系，使学生在学习过程中能够更加关注自己的需求和兴趣。此外，具有实际应用价值的教学内容也有助于培养学生在真实环境中应对各种问题的能力。

例如，英语教师可以设计一系列与日常生活相关的情境，如购物、餐厅用餐、问路等，让学生在这些情境中锻炼英语交际能力。同时，针对商务沟通领域，英语教师可以设计如商务电话、会议、洽谈等情境，让学生在模拟实际商务场景中提高英语应用能力。对于旅游英语，英语教师可以设计如景点介绍、导游讲解、交通指引等情境，帮助学生在旅行中更好地应对英语沟通问题。

（2）学生具备一定的英语基础。情境式英语微课教学模式要求学生能够在特定情境下进行英语交流，需要学生具备一定的英语基础。对于已经掌握一定程度的语法、词汇和听说能力的学生，采用情境式英语微课教学模式更有利于提高学生的综合应用能力。

在英语学习的初级阶段，学生需要先掌握基本的语法结构、词汇和语音知识。当学生具备了这些基础知识后，情境式英语微课教学模式可以帮助他们将所学知识应用于实际情境，提高英语实际运用能力。例如，学生在学习了一定程度的基本语法和词汇后，可以通过情境式英语微课教学模式学习如何在餐厅点餐、如何与他人进行自我介绍等。这样的教学方式不仅使学生的英语学习更具针对性，也有助于提高学生的学习兴趣。

（3）注重培养学生的沟通技巧。当教育目标注重培养学生的英语沟通技巧时，情境式英语微课教学模式尤为适用。这种教学模式强调在实际情境中锻炼学生的听说读写能力，有助于提高学生的语言实际运用能力。通过情境式英语微课教学模式，学生可以更好地理解不同文化背景下的交际规则，提高跨文化交际能力。

在设计教学内容时，英语教师需要充分考虑学生的实际需求和兴趣，为学生提供丰富的交际情境。这些情境可以包括面试、求职、电话沟通、电子邮件往来、团队合作等，以帮助学生在不同场合中熟练运用英语进行沟通。此外，英语教师还可以设计一些与学生生活密切相关的情境，如家庭聚会、朋友聚会、电影观后感等，让学生在轻松愉快的氛围中提高英语沟通能力。

通过情境式英语微课教学模式，学生可以在模拟的实际情境中不断练习和巩固所学知识，从而更好地掌握英语交际技巧。在这个过程中，学生的自信心、表达能力和团队协作能力也将得到提高。此外，情境式英语微课教学模式还有助于激发学生的学习兴趣和积极性，使他们更加主动地投入到英语学习中。

3. 情境式英语微课教学模式设计注意事项

（1）真实性与趣味性的结合。英语教师应尽可能地模拟真实的生活场景，让学生在学习过程中感受到与实际生活的紧密联系。同时，要注重情境的趣味性，可以通过设计有趣的角色、有趣的对话或者情境中的互动游戏等方式，激发学生的学习兴趣。当学生在真实且有趣的情境中进行学习时，他们更容易投入英语学习，从而提高学习效果。

为了实现真实性与趣味性的结合，英语教师可以调查学生的兴趣和需求，以便设计与学生生活息息相关的情境。英语教师还可以创设多样化的情境，涵盖日常生活、学习、工作等方面，使学生在各种场景中提高英语能力。此外，设计有趣的互动环节，鼓励学生积极参与，也能提高学生学习英语的动力和积极性。

（2）注重学生的个性差异。英语教师应充分考虑学生的个性差异，包括学生的学习风格、兴趣爱好、知识水平等方面。为了满足不同学生的需求，英语教师可以设计多样化的情境，以激发所有学生的学习兴趣。同时，英语教师还应关注学生在情境中的表现，及时调整教学策略，确保每个学生都能在情境式英语微课教学模式中受益。

英语教师可以设计多种类型的情境，以满足不同学生的兴趣和需求。在情境中设置不同难度的任务，使学生根据自己的水平选择合适的任务。另外，英语教师在课堂上要关注学生的反馈，及时调整教学方法和情境设置。

（3）与其他教学方式相融合。将情境式英语微课教学模式与其他教学方式相结合，可以提高教学效果。例如，英语教师可以在情境教学中融入探究式、任务型等教学模式。在探究式教学中，学生可以在情境中主动探究知识，解决问题。在任务型教学中，学生可以在情境中完成具体的任务，如表演对话、制作海报等，这有助于提高学生的英语实际应用能力。将情境式英语微课教学模式与其他教学方式相融合主要体现在以下四个方面：①教学资源。英语教师可以整合各种教学资源，如文本、图片、音频、视频等，将它们有机地融入情境式英语微课教学模式中，丰富教学内容，提高教学效果。②课堂活动设计。英语教师可以设计多种形式的课堂活动，如小组讨论、角色扮演、辩论赛等，让学生在不同的教学方式中体验英语学习的乐趣。③教学策略。英语教师应根据学生的实际情况，灵活运用不同的教学策略。例如，针对学生的学习难点，英语教师可以采用案例分析、问题解决等方法，引导学生深入理解知识

点。④评价与反馈。英语教师应关注学生在情境式英语微课教学中的表现，并给予及时、多种形式的评价和反馈。这有助于英语教师了解学生的学习进度，调整教学方法和策略，提高教学质量。

（四）抛锚式英语微课教学模式

1. 抛锚式英语微课教学模式的内涵

抛锚式英语微课教学模式是一种以问题为引导，激发学生主动探究和解决问题的教学方式。英语教师在教学过程中抛出一个具有挑战性的问题（锚），引导学生思考、讨论并解决问题。这种教学模式注重培养学生的独立思考能力、解决问题能力和团队协作能力。

2. 抛锚式英语微课教学模式的适用条件

（1）教学内容具有一定的挑战性和探究价值。例如，对于文化差异这一主题，英语教师可以引导学生探讨不同文化背景下的沟通方式和价值观念，从而加深对英语国家文化的理解。又如语言习惯，学生可以在学习过程中探讨不同英语国家的方言、俚语、习语等，提高语言实际运用能力。这些内容能够激发学生的好奇心和求知欲，促使他们更加主动地参与学习。

（2）学生具备一定的自主学习能力。抛锚式英语微课教学模式要求学生能够独立思考和解决问题。学生需要具备一定的自主学习能力，包括信息检索、分析和处理的能力。此外，学生还需要具备较强的时间管理和自我监控能力，以便在学习过程中合理安排时间，保持学习的连续性和深度。具备自主学习能力的学生能够在英语教师的引导下，积极开展探究活动，发挥主体作用，取得更好的学习效果。

（3）英语教师具备引导和组织能力。抛锚式英语微课教学模式要求英语教师能够有效引导学生开展探究活动，组织学生进行讨论。英语教师需要具备一定的引导能力，帮助学生明确探究目标，提出合理的问题，并引导学生运用恰当的方法和策略解决问题。同时，英语教师还需具备组织能力，能够营造一个良好的学习氛围，鼓励学生积极参与讨论，发表自己的观点。在讨论过程中，英语教师要善于调动学生的积极性，平衡各种观点，引导学生形成共识。这样，英语教师才能充分发挥引导和组织作用，提高抛锚式英语微课教学的效果。

3. 抛锚式英语微课教学模式设计注意事项

（1）设计具有挑战性的问题。在抛锚式英语微课教学中，教师需要设计具有挑战性的问题，以激发学生的好奇心和求知欲。问题应与教学内容紧密相关，能引导学生进行深入的思考和探究。具有挑战性的问题通常需要学生运用已有知识分析、评价或解决实际问题，或者需要学生通过研究和讨论来探索新的知识领域。设计问题时，英语教师要避免过于简单或过于复杂的问题，以确保问题具有一定的挑战性，同时兼顾学生的实际水平和接受能力。

（2）提供丰富的学习资源。为了支持学生的探究学习，英语教师需要提供丰富的学习资源，包括文献资料、网络资源等，帮助学生拓宽知识视野。英语教师可以根据教学内容和学生需求，筛选和整理相关的书籍、论文、报告、专题网站等资源，并将这些资源以合适的方式呈现给学生，如提供电子文档、推荐阅读清单等。此外，英语教师还可以引导学生利用各种工具和平台，如在线词典、翻译软件、学术搜索引擎等，自主寻找所需的学习资源。

（3）注重学生的团队协作能力培养。在抛锚式英语微课教学过程中，学生需要进行合作学习，分享知识和经验。对此，英语教师应注意培养学生的团队协作能力，鼓励学生积极参与讨论，发表自己的观点。此外，英语教师可以设计多样化的小组活动，如角色扮演、辩论、头脑风暴等，让学生在不同情境中锻炼协作和沟通技巧。同时，英语教师要关注学生在团队中的表现，给予及时的反馈和指导，帮助学生建立有效的沟通和协作机制。通过这种方式，英语教师可以促进学生之间的互动和学习，提高抛锚式英语微课教学的效果。

三、英语微课教学的教学策略

（一）微课教学模式下的英语听力教学

1. 提供个性化的学习体验

在微课教学模式下，英语听力教学可以为学生提供个性化的学习体验，允许学生根据自身需求和进度来安排学习时间。学生可以选择适合自己水平的听力材料，并在适当的时间进行反复听、暂停和回放。这种自适应学习方法有助于学生更好地消化和吸收知识，提高学生的听力水平。

2. 充分利用丰富多样的听力材料

在微课教学模式下，英语听力教学可以利用丰富多样的听力材料来提高学生的学习兴趣和参与度。英语教师可以根据学生的兴趣和需求挑选不同类型的材料，如新闻报道、电影片段、广播节目、音乐等。这些多样化的材料能够使学生接触到不同场景、不同口音和不同语速的英语表达，从而提高学生的听力水平。

3. 注重实际操作与应用

在微课教学模式下，英语听力教学应注重学生的实际操作与应用。例如，英语教师可以设计具有挑战性和互动性的听力任务，如填空、回答问题、辨别事实与观点等。这些任务可以帮助学生在实际操作中检验和巩固所学知识，提高听力技巧。同时，英语教师应关注学生在完成任务中的表现，及时提供反馈和指导，帮助学生识别并改进自己在听力方面的不足。

（二）微课教学模式下的英语口语教学

1. 模拟真实场景的口语练习

在微课教学模式下，英语口语教学可以通过模拟真实场景来提高学生的语言实际运用能力。英语教师可以设计各种情境，如日常对话、商务沟通、求职面试等，让学生在模拟场景中进行角色扮演和互动。这种方法有助于学生更好地理解语言在实际情境中的运用，并提高他们的口语表达能力和自信心。

2. 利用多媒体资源进行口语学习

在微课教学模式下，英语口语教学可以充分利用多媒体资源，如音频、视频、动画等，以增强学生的学习兴趣和动力。学生可以通过观看英语影片、收听英语广播、参加在线口语练习等途径来提高口语水平。此外，英语教师还可以为学生推荐一些优秀的英语口语学习网站和App，帮助他们进行自主学习和进一步提高。

3. 鼓励学生进行小组讨论和交流

在微课教学模式下，英语口语教学应注重培养学生交流和协作的能力。英语教师可以将学生分成小组，让他们在小组内进行主题讨论、角色扮演或者完成口头报告等任务。这种小组互动方式可以鼓励学生积极参与口语练习，提高他们的沟通技巧，同时促进彼此之间的学术交流和共同进步。

（三）微课教学模式下的英语阅读教学

1. 注重阅读材料的多样性与个性化

在微课教学模式下，英语阅读教学应注重阅读材料的多样性与个性化。英语教师可以根据学生的兴趣和需求，提供不同类型和难度的阅读材料，如新闻报道、散文、小说等。通过选择富有趣味性和启发性的阅读材料，英语教师可以激发学生的阅读兴趣，提高他们的阅读积极性。

2. 培养学生的阅读策略和技巧

在微课教学模式下，英语阅读教学应注重培养学生的阅读策略和技巧。英语教师可以通过具体实例，教授学生如何运用预测、略读、细读、判断等阅读策略，帮助他们提高阅读效率和理解能力。此外，英语教师还可以引导学生学会运用词汇、语法、语境等知识来理解和分析阅读材料，从而提高他们的阅读技巧。

3. 创设合作阅读的学习环境

在微课教学模式下，英语阅读教学应鼓励学生进行合作阅读。英语教师可以将学生分成小组，让他们共同阅读一篇文章，然后进行讨论和分享。通过合作阅读，学生可以相互学习，共同解决阅读中遇到的问题，提高阅读理解能力。同时，这种合作学习方式也有助于培养学生的团队协作能力和沟通技巧。

（四）微课教学模式下的英语写作教学

1. 强调写作过程的指导和反馈

在微课教学模式下，英语写作教学应强调写作过程的指导和反馈。英语教师可以通过视频讲解、示范、点评等方式，引导学生掌握写作策略、技巧和方法。同时，英语教师需要为学生提供及时的反馈，帮助他们发现和改正错误，提高写作水平。在这一过程中，学生可以不断反思和调整自己的写作策略，逐步形成有效的写作习惯。

2. 注重写作内容的个性化和创新性

在微课教学模式下，英语写作教学应注重写作内容的个性化和创新性。英语教师可以设计不同类型和主题的写作任务，激发学生的写作兴趣和创造力。此外，英语教师还可以引导学生运用所学知识和技能，发挥自己的想象力和创造力，创作出独具特色的作品。通过这种方式，学生可以更好地将所学知识与实际应用相结合，提高写作能力。

3. 培养学生的写作自主性和团队协作能力

在微课教学模式下，英语写作教学应培养学生的写作自主性和团队协作能力。英语教师可以通过设置自主写作任务，鼓励学生自主选择写作主题、形式和方式，从而培养他们的自主学习能力。同时，英语教师还可以组织学生进行合作写作，让他们在小组讨论、互相评价和修改的过程中，学会与他人沟通和协作，提高团队协作能力。

（五）微课教学模式下的英语翻译教学

1. 分阶段、分层次进行翻译技能培训

在微课教学模式下，英语翻译教学应分阶段、分层次进行翻译技能培训。英语教师可以根据学生的英语水平和翻译能力，设计不同难度和类型的翻译任务，逐步提高学生的翻译水平。在初级阶段，英语教师可以着重培养学生对基本词汇、语法和句型的翻译能力；在中级阶段，英语教师可以引导学生进行段落和篇章翻译，培养他们的语篇意识和语篇翻译技巧；在高级阶段，英语教师可以指导学生进行专业领域的翻译实践，提高他们的专业翻译水平。

2. 注重翻译技巧和方法的传授

在微课教学模式下，英语翻译教学应注重翻译技巧和方法的传授。英语教师可以通过视频讲解、示范、案例分析等方式，向学生传授翻译技巧和方法，如等效法、功能对等法、直译与意译的选择等。这有助于学生掌握翻译的基本原则和规律，提高翻译质量。

3. 强化实践环节，提高翻译实际应用能力

在微课教学模式下，英语翻译教学应强化实践环节，提高翻译实际应用能力。英语教师可以为学生提供真实的翻译素材，如新闻报道、文学作品、商务文档等，让学生在实际操作中锻炼翻译能力。此外，英语教师还可以邀请翻译专家进行线上讲座、评审等活动，为学生提供专业指导和反馈。通过不断的实践和反思，学生可以逐渐提高自己的翻译水平和实际应用能力。

第三节　英语教学与翻转课堂教学模式

一、翻转课堂概述

（一）翻转课堂的定义

翻转课堂是一种创新的教学模式，它将传统课堂教学的知识传授和课堂活动进行重新组合。在这种模式下，学生通过课前自学（如观看教学视频、阅读教材等方式）掌握知识，课堂时间则主要用于讨论、实践、解决问题和深入探究，以提高学生的参与度和学习效果。

乔纳森·伯尔曼和亚伦·萨姆斯是翻转课堂的开山之人。在美国科罗拉多州山区的林地公园高中，有许多学生因各种原因无法参加正常的学校活动，导致他们因缺课而无法跟上学习进度。2007 年春季，该校的两位教师乔纳森·伯尔曼（Jonathan Bergmann）和亚伦·萨姆斯（Aaron Sams）决定采取行动，他们将结合实时讲解和演示的视频上传到互联网，以便帮助缺席课堂的学生补课。随着时间的推移，两位教师逐步改变了教学方式，让学生在家观看视频讲解，从而为在课堂上遇到困难的学生节省时间来完成作业或进行实验。这些在线教学视频很快受到了越来越多学生的欢迎，并广泛传播。事实上，许多学生在每天的 18：00 至 22：00 之间下载这些教学视频，导致学校的视频服务器在这个时间段内经常崩溃。尽管两位教师没有明确提出“翻转课堂”这一名称，但这一教学模式却得到了广泛的接受，并迅速传播出去。

萨尔曼·可汗（Salman Khan）在 2006 年创立了一所非营利教育机构——可汗学院。该机构主要通过网络为广大学习者提供一系列的免费教材，内容涵盖了数学、历史、医疗卫生及医学、金融、物理、化学、生物、天文学、经济学、宇宙学、有机化学、美国公民教育、美术史、宏观经济学、微观经济学及计算机科学。可汗学院的课程特色独特，每个课程视频大约持续 10 分钟，从最基本的知识开始，逐步过渡到更高级的内容，以便学生循序渐进地学习。视频中并没有教师的身影，而是采用一种电子系统进行讲解。目前，相关网站还开发了一个练习系统，详细记录了学生在每个问题上的学习情况。教师可以通过参考这些记录，轻松了解学生在哪些概念上存在困惑。与传统学校课程不同，为了适应全班的进度，教师通常只要求学生达到一定水平（如及格）便继续教学。然而，利用类似于可汗学院的系统，教师可以确保学生在掌握所有未来需要的基础概念之后再继续教学。进度相似的学生可以被分到同一班级。在美国，一些学校已经采纳了“观看可汗学院视频作为家庭作业，课堂时间用于做练习，由教师或已经掌握知识的同学辅导其他同学”的教学模式。

传统的教学模式中，教师需要先完成知识的讲授，学生完成课后任务及作业来完成知识的内化。但是翻转课堂的模式不同，学生先通过网络来完成学习，在学习中如果遇到困难，教师可以进行启发和排解，这样可以保证师生之间的平等地位，同时促使学生对知识的深化与理解，从先教授、后学习到先学习、后教授的模式的转变体现了“翻转”的特征。

为了推广翻转课堂，我国在政策、技术、资源等方面做了大量工作。一方面，我国制定了支持翻转课堂发展的政策，鼓励学校和教师尝试这种新的教学模式。另一方面，我国加大了对网络教育资源和教育信息化基础设施的投入，为翻转课堂的实施提供了技术支持。此外，我国还积极推动教师培训，提高教师的信息素养和教育创新能力。与此同时，越来越多的学校开始探索翻转课堂的实践应用，部分名校和优秀教师已经取得了显著的成果。

（二）翻转课堂的特点

翻转课堂作为一种新型的教学模式，在教育领域得到了广泛的关注和应用。这种模式突破了传统课堂的局限，为学生创造了更多的学习机会。翻转课堂的特点主要表现在以下两个方面。

1. 师生角色的转变

在翻转课堂中，教师和学生的角色发生了很大的变化。传统课堂中，教师通常扮演着知识的传递者和掌控者的角色，而学生则扮演着被动接受知识的角色。然而，在翻转课堂中，教师的角色更多地转变为学习的引导者、促进者，学生则成为主动参与学习、积极探索问题解决方案的学习者。

翻转课堂要求教师在课前准备丰富的学习资源，课堂上主要通过引导、组织和协调学生的学习来完成教学任务。这使教师有更多的时间和精力关注学生的个体差异，为学生提供个性化的指导和帮助。同时，学生在课前通过观看教学视频等形式学习基本知识，在课堂上则通过讨论、解决问题和实践操作来深化理解。这种学习方式有利于培养学生的自主学习能力、合作精神和创新思维。

2. 教学资源呈现出多元化特征

在传统的教学模式中，教师在课堂上讲解知识点，学生在课后完成作业，这种模式下的教学资源相对单一。然而，翻转课堂通过颠覆这种传统的教学方式，让学生在课前自主学习多元化的教学资源，课堂上则进行讨论、互动与解决问题。

翻转课堂的多元化教学资源包括了视频讲座、网络课程、电子书籍、实验模拟等。这些资源可以帮助学生在课前就能够自主学习和掌握知识，提高课堂的参与度和有效性。在课堂上，学生和教师之间的交流更加自由，教师可以根据学生的需求进行个性化指导，同时学生也可以通过小组讨论、案例分析等方式互相学习、激发思考。这样的多元化教学资源不仅有助于提高学生的学习兴趣和积极性，还能培养学生的自主学习能力和团队协作精神，从而提高整体的教学质量。

（三）翻转课堂的构成要素与意义

1. 翻转课堂的构成要素

翻转课堂的构成要素主要有课前内容传达、课堂活动组织、课后效果评价。其中，课前内容传达包括使用现有基础上的教学视频以及制作的新视频。在课堂活动组织中，教师需要对课堂活动进行全面把控和组织。一般而言，一些导读类的课程比较适合翻转课堂教学，如果学习语言文化这些内容时，要在学习视频的基础上配合一些相关的学习活动，这样可以加深对不同文化知识的理解。课后效果评价主要采用的是个性化学习测评，这样的评价主要是教师对学生在日常生活中的学习效果给予的评价，可以及时纠正学生对知识的误解，并且能及时给予学生适当的指导。

2. 翻转课堂的意义

翻转课堂，作为一种新型的教学模式，在教育领域已引起广泛关注。对于学生和教师来说，翻转课堂具有很大的意义。

（1）翻转课堂对学生的意义。对于学生而言，翻转课堂有助于实现个性化学习。翻转课堂模式鼓励学生自主学习，将学生从知识的被动接受者转变为知识建构的主动参与者。学生可以根据自己的需求和兴趣来安排和控制自己的学习进度，这有利于培养学生的个性和创新精神。同时，翻转课堂也提供了一个轻松的学习环境。学生可以利用各种电子学习工具随时随地学习，摆脱了传统课堂的局限。此外，翻转课堂强调学生之间的互动，有助于提高学生的合作能力和沟通技巧。

（2）翻转课堂对教师的意义。对于教师而言，翻转课堂有助于实现个性化教学。教师在翻转课堂中从传统的知识传授者变成了学生学习的引导者和促进者。这种角色转变使教师可以更加关注学生的需求，有针对性地提供帮助。翻转课堂模式也有助于减轻教师的课堂管理负担。在翻转课堂中，学生更加积极参与课堂活动，这有助于维持良好的课堂纪律。此外，翻转课堂让教师有机会更深入地了解学生。教师可以根据学生的学习情况、反馈和问题，提供有针对性的指导和帮助。

二、英语翻转课堂模式下的英语教学策略

（一）开发英语翻转课堂教学资源

开发英语翻转课堂教学资源是提高教学效果的关键环节，主要包括教学目标分析、微课件制作、微视频制作和微练习制作等方面。通过这些教学资源的准备和开发，可以满足不同水平学生的学习需求，激发学生的学习兴趣和积极性，从而提高英语教学质量。

1. 教学目标分析是翻转课堂教学资源开发的基础

英语教师需要根据教学大纲，明确教学目标和内容，了解学生的学习水平和特点，以便制订适合学生的翻转课程计划。通常情况下，通过分析教学目标有利于把握英语教学的方向，促进学生的知识与能力积累。翻转课堂教学资源开发应充分了解英语教学目标，生成具体教学资源提升学生学习效率。

2. 微课件制作是翻转课堂教学资源开发的关键环节

英语教师需要设计具有重点突出、短小精悍特点的微课件，针对某一主题进行详细讲解，并将课程时间控制在15分钟以内。在制作过程中，英语教师要充分考虑学生的学习水平和习惯，运用多媒体手段为学生提供真实的教学场景，提高学生的课堂参与度。

3. 微视频制作是翻转课堂教学资源开发中的重要内容

微视频具有短小精悍、参与度高、时间地点随意的特点，可以有效吸引学生的注意力。英语教师可以结合微课件制作微视频，使用PC端、手机、录影机等设备和软件进行录制。在选择制作工具时，英语教师应根据学生的学习情况和教学需求，制作高质量的教学视频。

4. 微练习制作是翻转课堂教学资源开发的另一重要环节

微练习可以激活学生的思维和创新能力，同时针对已学知识点进行反馈。英语教师需要结合教学大纲和教学目标，设计与课程内容相关的练习题，以考查学生对英语技能的掌握程度。在制作微练习时，英语教师要兼顾学生的学习特点和水平，采用分层练习的方式，提高学生的学习效果。

（二）强化培训模式，提升专业教师能力

为确保翻转课堂在英语教学中持续发展并取得良好效果，学校需要重视英语教师的培训工作。具有针对性和计划性的培训有助于英语教师掌握微课制作的方法与技术，提高教学质量。此外，英语教师专业水平的提升和专业师资队伍的构建对于翻转课堂的成功实施至关重要。

首先，通过有针对性、有计划性的培训，英语教师可以更好地掌握翻转课堂所需的技能和策略。这包括如何设计和制作精练的微课程，如何运用多媒体和在线教学平台进行高效教学，以及如何调动学生积极参与课堂讨论和活动。培训的过程中，英语教师应不断更新教育理念，提高自身的教育技术应用能力，为学生创设更具挑战性和趣味性的学习环境。

其次，在教学中，英语教师需要熟练地回答学生的问题并引导学生解决学习难题。这就要求英语教师具备扎实的专业知识和丰富的教学经验。学校应为英语教师提供专业知识和教育方法的培训，使英语教师能够更好地满足翻转课堂教学的需求。通过系统的培训，英语教师可以内化专业知识，增强对新知识的掌握，从而更好地为学生提供有针对性的教学支持。

最后，英语教师需要具备更高的专业水准和业务技能，以便在翻转课堂中实现教学模式的转变和师生角色的转换。英语教师应从传统的知识传授者转变为学习的引导者和促进者，而学生则应从被动的接受者变

为主动的参与者。为实现这一目标，学校应为英语教师提供教育心理学、课程设计和评估等方面的培训，帮助英语教师全面提升指导、判断、沟通和交际的能力。

（三）以学生为主体，不断创新教学手段

英语教师利用互联网进行课堂教学过程中，需要以学生为主体，不断创新教学手段。

第一，英语教师在翻转课堂教学中应引导学生讨论微视频中的重点、难点和疑点问题，同时鼓励学生积极建言献策和分享学习方法。在“互联网+”背景下的英语翻转课堂教学中，教师应充分利用微视频的优势，帮助学生针对重点、难点和疑点问题进行深入探讨。这种讨论可以通过学生相互讨论和师生讨论等策略进行，以交流学习经验并促进学生整体技能的提升。在学习过程中，英语教师应给予学生提意见的机会，鼓励他们积极提出建议并分享学习方法。此外，英语教师应预留时间让学生在课堂上发言，反映微课学习中的问题，以增强学习的趣味性。通过发现问题并解决问题的过程，学生能够更好地将所学知识内化，使学习记忆更加牢固。

第二，为了凸显学生在翻转课堂中的主体作用，英语教师需要不断创新教学手段。英语教师应充分利用学生使用手机、电脑等终端设备的习惯，通过微信、QQ 等工具布置任务，让学生在课前观看教学视频，为课堂学习打下基础。此外，英语教师还可通过构建学习资源平台，为学生提供丰富的学习方式和个性化服务，从而巩固课堂学习内容。总之，英语教师在翻转课堂教学中应关注学生的主体作用，采取多种策略和方法，提高教学效果。

（四）完善考评机制，整理反馈内容

在英语翻转课堂教学中，考评机制是教学中重要的一环。为此，英

语教师应当遵循以评促教、以评促改、以评促学的原则，梳理反馈并优化评价体系。传统评价方法以期末考试为核心，然而，仅靠成绩这一项并不能全面评估学生的学习状况。因此，英语教师应将学生的学习过程、实践过程与考试结果相结合，全面了解学生的需求，从而提供针对性的教学内容。

在翻转课堂中，学生需要在课后自主学习许多内容，而英语教师难以掌握他们是否真正观看了微视频或浏览了微课件。为解决这一问题，英语教师可在课前设计相关问题，观察学生的回答情况；也可以在视频中提出问题，让学生记录并在随后的课堂上进行讨论。通过分析学生的答案，英语教师可以了解学生的学习状况，同时反思自己的教学方法并进行相应改进。

第四节　英语教学与混合式教学模式

一、混合式教学模式的产生

随着网络技术的发展和在线教育平台的普及，越来越多的学生和教师开始尝试在线学习。然而，随着时间的推移，人们逐渐认识到纯粹的在线学习也存在一定的局限性，因此，许多人开始回归到传统的课堂教学上。在这样的背景下，混合式教学模式应运而生。混合式教学模式结合了传统课堂教学和在线学习的优点，强调在线学习的互动性与参与性，同时注重教师在教学过程中的引导作用。这种模式让学生在课堂上能够与教师和同学进行面对面的交流，提高了学习的效果，同时利用在线学习平台扩展了教学资源，提升了学习的便捷性。

混合式教学模式实际上体现的是教育理念的升华，这种升华将引发学生认知方式的变革，以及教师在教学方法、策略和角色上的转变。这种变革并非表面上的形式调整，而是在深入分析学生需求、教学内容和实际教学环境的基础上，充分发挥在线教学与课堂教学优势的互补作用，从而提高学生的认知成果。混合式教学模式的核心理念在于，在适当的时机运用合适的学习技术，以实现最佳的学习目标。混合式教学模式下，学生将更加关注个人学习的主动性与自主性，通过在线学习资源和课堂教学相结合，使自己的认知方式更加多元化；而教师则需要调整自己的教学模式，关注学生个体差异，灵活运用多种教学策略，提高教学效果。

二、混合式教学模式的内涵与特点

混合式教学模式是一种结合线上教学资源与线下教学资源的创新教育方式，能够实现教学的同步和拓展，为学生提供更具针对性的服务。这种教学方式强调培养学生的自主学习能力，充分发挥教师的引导和启发作用，体现了人本主义教育理念在现代教学中的实践。

混合式教学模式的主要特点在于强调学生在教学中的主体地位，让学生根据自身需求进行探索式学习，与同学和教师进行有效互动，以保证学习效率。这种教学方式突破了时间和空间的限制，使课堂教学得以有效延伸。线上教学采用碎片化方式，为学生创造出良好的个人学习空间，整合和优化网络教学资源，为学生提供丰富的教学内容，为因材施教奠定了基础。这样就真正满足了学生的个性化学习需求，使他们养成自主探究的学习习惯，全面提升了学生的综合素质。

三、混合式教学模式的理论基础

混合式教学模式需要传统教学模式的参与，其理论也离不开传统的教学理论，其中的理论主要包括建构主义学习理论、联通主义学习理论、探究社区理论三类。

（一）建构主义学习理论

建构主义学习理论强调，学习过程并非教师直接传授知识，而是学习者在特定的、真实且多样的环境中，通过相互协作和沟通，在探索性活动中与学习内容充分互动，实现知识的构建。这一理论倡导“边学边做”与“边做边学”的方法，凸显任务驱动和任务完整性。

在建构主义学习理论中，情境营造、协同探究和知识建构是三个关键环节，而最终实现学习效果的核心在于学习者的自主构建。基于此理论，学习者作为认知过程的主体，需要对外部信息进行筛选接收，并主动建构意义，而不是被动地接受知识灌输。同时，教师的角色转变为引导和协助学生进行认知建构，而非仅仅传授知识。

本质上，建构主义学习理论鼓励学生在真实场景中、在教师的指导下进行自主探索，并与其他学生展开广泛交流。通过解决问题的过程，学生能够建立自己的知识体系。

（二）联通主义学习理论

混合式教学体现着联通主义学习理论。联通主义学习理论强调，在这个快速变化的信息时代，学习是在一个混乱、复杂、动态且碎片化的网络节点中进行的，而非单纯的个体内化活动。

在这一理论指导下，联通主义学习理论强调学习基于大规模的网络化和社会化互动，主要体现为建立连接和网络形成过程。联通主义主张在学习方式上强调连接、关系和信息流动，使学习者能够在网络中不断探索和领悟，实现知识的构建和发展。根据联通主义观点，学习过程是在网络中不断探索和领悟的体验。这意味着学习者需要在广泛的信息源中筛选、整合和评估知识，通过不断地实践与反思，逐渐形成对知识的深刻理解。在这个过程中，学习者的自主性和创造性得到充分发挥，能够主动适应多样化的学习环境和任务需求。

此外，联通主义学习理论还强调社会化互动在学习过程中的重要作用。学习者通过与他人的合作和交流，共同解决问题、分享经验，并建立联系，从而拓展知识网络，丰富认知资源。在这种情境下，教师的角色也发生了变化，从传统的知识传授者转变为学习者的引导者、协助者和合作者，帮助学生建立有效的学习网络，提高学习效果。

在混合式学习环境中，大规模的网络化和社会化线上互动能帮助学习者在混乱、复杂且动态的网络节点中找到关键节点。线下活动则有助于学习者与关键节点展开深度交流与理解，进而促使学习发生。因此，联通主义学习理论更加关注学习者在变化的学习环境中的适应能力。学习者需通过信息搜寻过程中的节点寻找，构建网络，形成自己的认知体系。

（三）探究社区理论

混合式教学中运用较多的一个理论是探究社区理论，它是2001年加里森（Garrison）提出的专门针对教学的一个理论。其理论主要包括三个关键因素——社会临场感、教学临场感、认知临场感。

社会临场感包括情感式表达、开放式沟通、群体凝聚力三个维度。它关注的是学习者在虚拟学习环境中与其他学习者和教师之间的互动程度和情感连接。社会临场感强调营造一个有利于学习者沟通、合作和交流的氛围，使学习者感受到彼此的存在，从而促进知识的传递和共享。为提高社会临场感，教师可以通过在线讨论、小组合作等方式，鼓励学习者参与互动并建立彼此的信任和支持。

教学临场感包括教学管理、建立理解、直接指导三个维度。它涉及教师在虚拟学习环境中的教学支持、引导和激励作用。教学临场感强调教师在学习过程中对学习者的有效指导，关注学习者的需求，提供及时的反馈，帮助学习者解决问题，从而提高学习者的学习兴趣和动力。为增强教学临场感，教师可以运用多种教学策略和资源，如同步课堂、教学视频、在线辅导等，确保学习者在学习过程中得到充分支持。

认知临场感包括触发事件、探索、整合三个阶段。认知临场侧重学习者在虚拟学习环境中的知识建构和思维发展。认知临场感强调为学习者提供充分的认知挑战和刺激，帮助学习者发现问题、分析问题、解决问题，从而实现知识的深化和拓展。为提高认知临场感，教师可以设计富有挑战性的学习任务和问题，鼓励学习者运用思维技能，如批判性思考、创造性思考等，促使学习者形成自己的认知结构。

四、基于“互联网＋教育”的混合式英语教学实施策略

（一）革新教学模式

英语教师通过线上、线下教学的指导革新教学模式，提升学生学习英语的积极性和学生学习英语的效率。

在线上教学环节中，英语教师需要充分发挥网络教学的优势，让学生在提高学习效率的同时，培养自学能力和跨文化交际能力。首先，英语教师应提前布置课前预习任务和作业。这样一来，学生能够在课前充分了解教学内容，有针对性地进行自主学习。这不仅提高了学生的学习效率，还有助于培养他们的自学能力。在任务布置方面，英语教师可以结合课程内容设置阅读、听力、写作等方面的练习，使学生全面掌握英语技能。其次，英语教师应利用丰富的网络资源来丰富和拓展教学内容。例如，英语教师可以引导学生阅读英语国家的新闻资讯和读物，了解英语国家的文化背景，从而提高跨文化交际能力。此外，英语教师还可以借助网络平台，为学生提供来自英语国家的电影、音乐、戏剧等资源，让学生在欣赏艺术作品的过程中，更好地理解英语国家的文化和生活方式。英语教师通过对线上教学环节的组织，让学生在完成预习任务的过程中积累知识，为课堂互动做好准备。

线下教学环节对于学生的英语学习至关重要。英语教师在课堂上应将学生作为课堂主体，以便更好地组织以学生为中心的英语应用能力训练。这样的课堂设置不仅有利于提高学生的英语应用能力，还能提高学生的学习积极性，从而使他们投入英语学习。为了实现这一目标，英语教师可以采用多种方法来组织课堂活动。例如，英语教师可以让学生进

行对话练习，模拟实际生活中可能遇到的各种场景。这种练习可以帮助学生熟练掌握日常英语交流技巧，提高他们的口语表达能力。此外，英语教师还可以组织英语演讲比赛，让学生在课堂上展示自己的英语演讲能力。这种活动不仅有助于提高学生的英语听说能力，还能锻炼他们的思维和语言组织能力。除了对话练习和英语演讲外，英语教师还可以引入视频观看环节。通过观看原版英语影片、纪录片或者新闻报道，学生可以提高听力理解能力，拓宽视野，同时也能了解到不同国家和地区的文化特点。在观看视频的过程中，英语教师可以与学生进行互动，引导他们进行讨论和思考。

在组织这些课堂活动的同时，英语教师还应培养学生的家国情怀和对民族文化的认同感。英语教师可以通过讲述中国传统文化的故事、介绍中国历史名人以及分析中国文化的独特魅力，使学生更加热爱祖国，增强对民族文化的自豪感。同时，英语教师还应引导学生形成符合社会主义核心价值体系的价值观，使他们在学习英语的过程中，能够坚守道德底线，发扬中华优秀传统文化。

（二）注重英语理论与英语实践相结合

在当前教育环境下，线上线下混合式教学逐渐成为一种新的趋势。在这种教学模式中，学生可以在线上预习环节完成每个教学单元的主要教学任务，而英语教师在线下教学环节应将重心放在组织学生进行实际英语应用能力训练上，以便更好地将英语理论知识与实践相结合。为了实现这一目标，英语教师可以在原有的阅读、听力和写作练习基础上，加大口语对话和情境交流的练习力度。例如，教师可以将学生分为小组，进行听说练习，以提高学生的英语应用能力。这种小组合作式的学习方法能够鼓励学生积极参与，提高他们的沟通能力和团队协作能力。

线上教学环节弥补了课堂教学学时不足的问题，使英语教师有更多的时间在课堂上组织课外读物阅读和习题训练活动。大量的英语技能训练可以帮助学生探索英语学习的技巧，从而提高他们的学习成绩。英语教师不仅要帮助学生提高英语考试成绩，还应着重培养他们的英语口语能力和写作能力，这对于提高学生的就业质量具有重要意义。在求职过程中，除了专业素养和技术能力外，英语应用水平也是提高职业竞争力的关键因素。因此，英语教师应确保在线上线下混合式教学实施过程中，教学任务和内容能够紧密结合实际，使学生在听、说、读、写各方面都得到充分的锻炼。例如，英语教师可以利用热门的短视频平台吸引学生的学习兴趣，在线上环节布置日常生活对话练习，要求学生录制英语对话练习的语音或短视频并上传至教学平台，以完成教学任务并供其他同学观看和学习。这种方式不仅能够激发学生的学习热情，还可以让他们在日常生活场景中运用所学的英语知识。

在线下教学环节，英语教师可以组织以学年或班级为单位的英语阅读写作活动。例如，以一些热门社会现象为主题，开展阅读征文活动，这样的活动不仅能够提高学生的英语阅读能力与写作能力，还能培养他们对家国情怀和民族文化的认同感。为了更好地将英语理论知识与实践相结合，英语教师还可以组织一些实地考察和社会实践活动，如参观历史文化遗址、英语角等活动，让学生在实际环境中感受英语的魅力，提高英语应用水平。英语教师还可以邀请外教或具有丰富英语教学经验的专家为学生提供一对一的辅导和指导，帮助他们克服英语学习过程中遇到的困难。

（三）结合专业知识

在当前信息化时代，大学英语教学应当紧跟时代发展，积极探索结合专业特征的教学方式，利用互联网技术来创新教学内容。除了英语的基础知识以外，还应当开发不同专业学生的专业英语应用能力。通过与专业知识相结合，英语教师能够更好地提升学生的英语应用能力，帮助他们在专业领域取得更好的发展。

英语教师可以根据学生所学专业的特点，有针对性地设计英语教学内容。这样的教学内容不仅可以使学生在学习英语的过程中，更好地了解本专业的知识体系，还可以激发他们的学习兴趣，提高学习效果。例如，对于计算机专业的学生，英语教师可以设计一些关于编程语言、网络技术等相关领域的英语教学内容。通过这种方式，学生可以在学习英语的同时，更好地掌握专业知识。此外，英语教师还可以利用线上平台开展跨学科、跨专业的合作项目，让学生在实际应用中锻炼英语能力。例如，英语教师可以组织不同专业的学生共同完成一项英文研究报告，从而提高他们的英语写作、阅读和团队协作能力。这种实践性强的教学方式能够让学生在真实场景中运用英语知识，提升他们的综合素质。

（四）加强网络监管

在混合式教学开展过程中，网络已成为大学英语教学的重要媒介，为教学活动提供了丰富的教学资源。然而，网络教学还有不利的一面：一方面，网络教学中也存在资源质量良莠不齐和难以把控学生学习进度等问题；另一方面，学生正处在特殊的年龄阶段，容易受网络的影响，特别是一些不正之风容易影响学生。为了确保线上英语教学效果，英语教师应在教学过程中对教学资源进行有效的筛选，加大对学生线上学习的监管力度，建立有效的过程评价制度。

首先，为避免娱乐内容如游戏对学生学习可能造成的不利影响，英语教师应对学生的网络行为进行监督。英语教师可以引导学生在规定的网络平台和 App 上进行学习活动。对于学生发表的错误言论，英语教师应及时给予纠正，特别是涉及民族文化认同感方面的问题，英语教师应强化学生的民族文化教育，引导他们树立正确的价值观。

其次，英语教师应在网络教学中加强对学生的监控。例如，在布置作业时，英语教师可设置提问环节，让学生从随机题目中抽取回答，避免学生在网络上搜索答案或抄袭。英语教师还需引导学生正确使用网络资源，特别是在中西文化冲突领域的讨论中，英语教师必须给予足够关注，纠正学生的错误观点，坚定文化自信，避免学生盲目崇尚西方文化，丧失民族文化自豪感。

最后，在线上教学环节，英语教师应加强过程评价制度，确保学生的有序学习。英语教师可利用教学平台相应功能，安排学生在线进行课文预习，并要求学生在线发表对课文主旨的理解和自我感受，参与话题讨论活动。英语教师可通过平台记录监控学生的学习状态，从而保证学生真正完成预习任务，提高预习效果。此外，英语教师还可以利用社交软件建立师生群组，要求学生将学习状态和过程记录发到群里，实现线上教学的有效网络监管。

第五节　英语教学与移动网络教学模式

一、移动网络教学模式产生的背景

（一）社会需求是移动网络教学的产生的内力

随着全球经济一体化的快速发展，社会对人才的需求日益多元化和个性化，这要求教育体系必须紧跟社会需求，不断调整和优化。移动网络教学模式作为一种新兴的教育模式，正是为了满足这种社会需求而诞生的。在高速发展的社会环境下，传统的教学模式已经无法满足人们日益增长的知识需求和学习渴望。越来越多的人开始关注个性化、灵活化和实时性的教育服务，而移动网络教学模式恰好具备以上特点，它可以为学习者提供个性化的学习资源、灵活的学习时间和地点以及实时的互动交流，为学习者的学习提供便利。

移动网络教学模式也是应对社会对终身学习需求的有效尝试。知识经济时代要求每个人拥有终身学习的观念，并要求个人及时更新观念和技能，以适应不断发展的社会。而移动网络教学模式正好为终身学习提供了便利，使人们可以随时随地学习，提升了学习效率。这种自主、主动的学习方式能够让学习者不断更新知识，提高素质，从而更好地适应社会的发展。因此，社会需求是推动移动网络教学模式产生和发展的重要内力。

（二）移动设备和移动互联网技术提供了支持

1. 智能手机、平板电脑等移动设备的支持

智能手机、平板电脑等的普及使学习者可以随时随地接触到丰富的学习资源。这些设备具有便携性、实时性等优点，使学习者可以在碎片化时间里进行学习，充分利用时间资源。

2. 移动互联网技术为移动网络教学提供了更多的可能性

移动互联网技术不仅可以实现实时的信息传递和共享，还能够支持在线教育平台和应用的开发和运行。这些平台和应用为学习者提供了多样化的学习资源、个性化的学习路径和互动式的学习环境，大大地丰富了学习者的学习体验。此外，移动互联网技术还可以实现教师与学生之间、学生与学生之间的实时交流与互动，为远程教育和在线教育提供了新的渠道。此外，人工智能、大数据和云计算等技术可以为移动网络教学模式提供了个性化推荐、学习分析和智能辅导等服务。这些技术的应用有助于提高学习者的学习效果，增强移动网络教学的针对性和实用性。

（三）数字化促进了课堂教学的变革

数字化是指通过计算机技术将各种信息转化为数字形式，实现信息的存储、处理和传输。数字化的发展不仅为移动网络教学模式提供了基础设施，还促进了课堂教学的变革。在数字化背景下，教育信息化得到了前所未有的发展，为课堂教学带来了新的理念、方法和手段，促进了移动网络教学模式的产生与发展。

二、微信的传播模式与用于学习英语的功能

（一）微信作为网络通信工具的传播模式

微信是一款为智能终端提供即时通信服务的免费应用程序，集语音、视频、图片、文字等呈现形式于一体，具有呈现形式多样、交互能力强的特征，这样明显的特征使它成为一款强大的社交性软件，并应用于教育领域。

微信作为网络通信工具，其传播模式独具特色，以下按照传播学拉斯韦尔（Lasswell）提出的传播学的基本模式分析微信的信息传播过程。

1. 传播主体

微信的用户群体很明确，且微信的用户基础广泛，在智能手机的支持下，呈现出较快且稳定的增长模式。

2. 传播内容

微信的显要特征表现为，微信平台非常稳定，并且呈现出较快的收发信息模式，此外，微信还很好地保护了用户的隐私。例如，微信的两个好友同时评论了某一状态，如果评论的两个人并不是好友，则他们只能看到自己的评论，不能看到对方的评论，这样在一定程度上保护了对方的隐私。在接收信息上，微信的受众获得信息的方式非常简单，并没有在线和离线的概念，实现了功能上的精简与强化。

3. 传播媒介

微信，作为一款在智能手机和平板电脑上普及的即时通信应用，因多样化的功能和用户友好的操作而深受用户喜爱。基于各种设备，如扬声器、麦克风、多点触控屏、摄像头、GPS 定位和重力感应器，微信提供了丰富的应用体验。此外，微信在不同操作系统上推出了多个版本的客户端，进一步扩大了信息传播渠道，整合了各大优势平台的功能。

4. 传播效果

从微信个人账号的传播效果来看，微信的个人账号除了聊天之外，还可以在朋友圈发表文字、图片、视频形式的内容，实现了信息在朋友圈的传播。

从微信公众号的传播效果来看，其能够辐射到更广的范围，一些微信公众号还在细分领域中有着较强的影响力。微信公众号可以定时推送相关内容，并可以与“粉丝”在公众号平台上进行互动，从而获得良好的传播效果。

（二）用于学习英语的微信功能

1. 班级微信群

班级微信群作为一种新型的教育辅助工具，具有以下显著特征，可以有效地应对当前英语教学中的挑战。

（1）便捷性。班级微信群的便捷性使学生和教师可以轻松地进行沟通和交流。通过手机上的微信应用程序，用户可以免费创建和加入班级微信群，让教学变得更加无障碍和低成本。

（2）丰富性。班级微信群支持丰富多样的多媒体信息，包括文字、图片、语音和视频等。这样的设置有助于呈现丰富的教学内容，满足学生多元化的学习需求。

（3）精准性。班级微信群可以实现精准推送，确保信息传递的准确性。这有利于提高教学效果，避免因信息误差而造成的困扰。

（4）实时性。班级微信群具有实时交流的优势。教师可以随时与学生沟通、发布作业、提供学习资料、解答疑问，帮助学生更好地掌握知识。同时，学生之间也能在微信群内展开讨论，促进彼此之间的交流与合作。

（5）匿名性。班级微信群的匿名聊天功能有助于学生更自由地发表观点。通过自定义群昵称，学生可以在保护自身隐私的前提下畅所欲言，自由地表达自己的想法，从而培养自己的思辨能力。

2. 微信公众平台

英语微信公众平台在近年来已经成为用户获取英语学习资料、交流和娱乐的重要平台。微信公众平台的特点主要包括传播信息形式多样化，信息保存下载方便，信息交流反馈及时以及便于研究调查。以下将详细阐述这些特点。

第一，微信公众平台传播信息形式多样化，符合交际的审美与兴趣。用户可以通过语音、文字和图片等多种方式进行交流。微信平台的即时或延时交流功能，有效地解决了交际双方学习、工作时间不一致的问题。双方可以通过在线预约来进行交流，或者通过上传和保存图片、语音等方式实现延时交流，以达到交际目标。这种多元化的交流形式不仅减轻了因无法实现即时交流而产生的心理和情感负担，还能利用已保存的语音、文字和图片实现准确、高效和便捷的交际。

第二，微信公众平台的信息保存下载方便，利于查找与分享。用户可以轻松下载和收藏感兴趣的内容，以便日后学习研究。此外，微信公众平台的一键式下载保存功能和跨系统、跨平台的分享与传递功能，使知识传播和技能习得更加显著，这有助于用户在碎片时间内进行高效的学习。

第三，微信公众平台的信息交流反馈及时，满足跟进检索，实现深入学习的愿望。大多数有关英语的微信公众平台会定期更新与英语学习、交际、考试、运用等相关的最新资讯和动态，并设有与读者进行讨论与互动的平台。这为英语学习者提供了交流和解决问题的渠道。关注英语微信公众平台，用户不仅可以了解全球范围内最新领域发展、知识前沿、文化动态，还能随时咨询专家和研究人员，发表自己的见解，聚集志趣相同的人脉，进行更深入的讨论。

第四，微信公众平台比较容易收集数据，便于研究调查。随着网络技术的发展，调查研究的规模与范围扩大。利用微信发放问卷、回收问卷、分析问卷的技术与程序为很多研究者提供了较大的方便。在微信公众平台上发布的问卷对发布者和回答者都具有较高的针对性，有助于减少无效问卷。这是因为关注该类微信号的用户往往对其内容、理念和模块有一定的兴趣，符合他们的需求和喜好。此外，线上问卷的填写是自愿的，无须强制或被动参与。因此，通常在愿意或好奇的心态下，用户会主动完成问卷。这有助于减轻用户的应付心理，降低调查研究的误差，并在一定程度上提高了调查研究的可靠性和有效性。

三、基于微信公众平台的移动网络英语课堂教学设计与实战

实践证明，利用微信公众平台的社交性与互动性特征，可以将社交的实时性、现场感、参与性融入英语课堂教学，可以凸显新兴移动媒体对英语教学的作用。

微信公众平台，得到了广泛的应用，教育领域也纷纷开设公众号，促进了信息传播的便捷性与高效性，增强了特定接收人群的黏合度。微信公众号的展示形式主要以图文结合、视频的方式来开展教学，同时微信公众平台还能回复用户发送的问题。在英语课堂上开展基于微信公众平台的课堂移动教学是当前教学的一个有益尝试。

基于微信公众平台的移动网络英语课堂教学包含着课内实时教学和课外实时教学两个方面的内容。

（一）课内实时教学设计与实践

1. 课内实时教学模式

（1）全班活动模式。在英语课堂上，以"我们能否离开智能手机？"为主题进行全班问卷调查。学生可以通过文字、视频或语音的形式将实时讨论的状态和结果发送到平台，并在大屏幕上显示出来。一方面，学生可以就内容发散思维，活跃课堂气氛；另一方面，方便课堂的随时恢复和内容的解读。

（2）小组活动模式。讨论结果可以用多种形式展示。

2. 课内实时教学标准与评价

（1）设定时间标准。在进行课堂活动时，活动主题页面会同时展示开始时间和结束时间。活动时间一经规定，时间到达便会关闭活动模式。若学生在活动结束后继续发送作品，将不予显示。

（2）制订评分标准。英语教师可根据需要灵活设定评分标准。在活动结束后，英语教师可以查阅历史记录，观察哪个小组提交的条目最多。当条目数量相同时，可比较哪个小组先开始提交。提交时间差精确到秒，使结果清晰明了。若有两条相同的发送内容，将扣减一半分数，以激励学生积极沟通和讨论。另外，鼓励全员参与。平台能显示发送者姓名，因此，最终得分将以提交条目数和参与人数相乘为准。英语教师在实时状态下还可根据需要进行其他多样化的评分设置。

（二）课外实时教学设计与实践

1. 课外实时教学模式

（1）课前准备。课前准备材料可以包括微视频、学习材料和预习作业等。学生可点击手机左下角的“当前作业”菜单栏，查看英语教师分配的预习作业或需要观看的视频。此外，学生还可以在课前将相关学习材料推送至平台，实现互相学习。这些学习材料包括课本内容、课本相关语言点和课外知识等。学生团队可以以小组形式完成平台上的推送任务。通过观看微课视频以及学习文本和语言点，学生可在课堂上对内容有基本了解，加强语言点和技能点的练习和测试。英语教师可以在后台监控和管理学生查阅作业的情况。

（2）课后作品实时提交。利用平台，英语教师不仅可以在课内实时展示课堂活动成果，还可以在课后进行有效的实时展示。例如，学生在课后可以小组的形式完成任务，并在实时模式下发送到平台。这样，可以确保学生课后的学习状态，课后学习讨论等活动也可以通过这种方式展开。英语教师只需通过手机或电脑开启平台实时模式，在规定时间内要求学生完成活动成果并发送，同时要求学生发送现场小组活动的照片等证明材料，便可监控学生课外活动的情况。

（3）课后作品展示。英语教师需及时对学生在平台上提交的材料进行反馈，而手机微信平台是比较好的展示和学习平台。英语教师在课后作品实时提交后，对作品进行评价和改进，并反馈给学生，让他们在平台上展示成果。这个过程还可以同时保留教师修改和评价的记录。

2. 课外实时教学评价标准

（1）课前准备与课堂跟进。为将课内外相结合，课外推送至平台的内容需附带问题或课内练习要求。英语教师可在课堂上以小组或个人形式进行跟进与评估。

（2）课后作品实时提交。英语教师根据作品的提交顺序和质量进行客观评价与反馈。学生通过发送活动照片等辅助材料，支持课后活动的评估。

（3）课后作品展示阶段。最后，学生作品在平台上得到清晰直观的展示。平台记录点击率和学生留言，英语教师依据留言进行作品综合评价，并对参与留言的同学进行平时成绩评估。

第六章 英语教学在"互联网+教育"中的多元教学评价

第一节 英语教学评价

在"互联网+教育"背景下，英语的教学模式、理念、方式、手段、体系等都发生了变化。信息技术的引入在一定程度上解决了教学过程中比较难解决的问题，促进了英语教育的均衡发展，优化了各教学资源的配置，有效提升了学生学习的积极性与主动性。

一、英语教学评价的内涵

评价是一种对事物价值高低的判断，它涉及对事物质量和数量的描述，以及基于这些描述所作出的价值判断。评价作为一种价值判断活动，关注客体在满足主体需求方面的表现。

（一）教育评价

教育评价是将评价应用于教育领域，旨在衡量教育活动在满足社会和个体需求方面的程度。它涉及对教育活动的现实或潜在价值的判断，以期实现教育价值的增值。教育评价包括多个方面，如学生评价、教师评价、教学评价、课程评价、学校与教育机构评价等。此外，还包括对教育目标、教育制度、教育内容、教育方法和教育管理的评价。

教育评价可以分为三个评价体系。

1. 促进学生发展的评价体系

该体系关注学生的成长与进步，旨在评估学生在知识、技能和态度等方面的发展，以便为学生提供更有针对性的指导和支持。

2. 促进教师职业道德和专业水平提高的评价体系

该体系关注教师的道德和专业发展，以评估和提高教师的教学技能和素养，从而提高教学质量。

3. 提高学校教育质量的评价体系

该体系关注学校整体的教育水平，通过评估课程、教学方法、管理方式等方面的实施效果，为学校制订更有效的教育策略和措施。

（二）教学评价

教学评价是根据教学目标和教学原则的要求，系统地收集信息，对教学过程中的教学活动以及教学成果给予价值判断的过程。英语教学评价即根据英语课程目标，对学生的英语学习过程、教师的课堂教学和学校组织实施英语课程的效果进行评估。这有助于提高教学质量，促进学生的英语学习进步，并为教师提供如何改进教学方法的反馈。

二、英语教学评价的意义

英语教学评价在英语教学中具有重要意义。一个科学有效的英语教学评价体系可以帮助教师了解学生在知识、技能和态度等方面是否达到预期的发展水平。通过对学生的英语学习过程进行持续评估，教师可以及时调整教学方法和策略，以便更好地满足学生的需求。英语教学评价对教师和学生都有着积极的意义。

（一）英语教学评价对学生的意义

英语教学评价对学生具有深远的意义，不仅可以帮助他们发现自己的不足，提高学习效率，还能引导他们更加关注学习过程，提高学习积极性。以下是英语教学评价对学生意义的详细论述。

1. 有助于学生发现自己的不足并及时进行改进

通过教学评价，学生可以在学习过程中发现自己的不足，从而有针对性地进行调整。例如，学生可以根据教学评价的结果，对自己的学习计划、学习方法以及学习习惯进行调整，以便更好地适应英语学习的要求。通过这种方式，学生能够不断提高自己的学习效率，成为真正的主动学习者。

2. 有助于学生关注学习过程，从而积极主动地学习

在英语学习中，许多学生容易过于关注学习结果，而忽视了学习过程的重要性。然而，一个好的学习过程是获得有效学习结果的基础。有效的教学评价可以使学生意识到学习过程的重要性，并督促他们关注自己的学习进度。当学生对自己的学习过程有了更深入的了解，他们会更加积极地投入学习，并自觉监控自己的学习行为。

3. 有助于学生了解自己的进步，从而获得成就感

通过教学评价，学生可以清晰地看到自己的学习轨迹和取得的进步。这种对自己成长的认识会给学生带来满足感、成就感和自豪感。当学生感受到这些正面情绪时，他们的学习自信心将会增强，学习动力也会得到提高，进而激发学习的积极性。

4. 有助于学生树立正确的学习目标

通过教学评价，学生可以更清楚地认识到自己在英语学习中应该追求的目标，并根据这些目标来调整自己的学习计划和方法。这样，学生能够更有针对性地进行英语学习，从而取得更好的学习效果。

（二）英语教学评价对教师的意义

英语教学评价对教师具有深远的意义，它在教学过程中发挥着至关重要的作用。以下是英语教学评价对教师的意义。

1. 获取学生反馈，调整教学策略

在教学过程中，教师需要收集学生的反馈信息，以便根据学生的需求调整教学策略。这些反馈信息可以从学生的参与度、表现、课堂练习成绩等方面获取。通过分析这些数据，教师可以了解学生对所教内容的理解程度，从而对教学方法进行调整。这种调整有助于提高教学质量，确保学生能够更有效地掌握英语知识。

2. 提升教学能力，优化教学方法

教师的教学观念和行为直接关系到教学成果和水平。教学评价可以帮助教师不断提升教学能力和优化教学方法。通过学生评价和自我评价，教师可以发现自己的不足之处，明确需要改进的地方，从而提高教学水平。

3. 增进师生互动，营造良好学习氛围

教学评价有助于消除师生之间的隔阂，拉近彼此之间的距离，进而优化课堂教学环境。在评价过程中，教师可以给学生提供提出意见和建议的机会，使双方能够充分交流，加深对彼此的了解。良好的师生关系能够鼓励学生积极参与学习，激发他们的学习潜能，营造轻松、和谐、民主的学习环境。

4. 丰富教育研究素材，促进教育发展

教师的工作不仅仅是教学，还需要进行教育研究。教学评价为教育研究提供了丰富的素材，帮助教师了解教学现状，并掌握学生的学习状况。同时，教学评价积累的大量经验和数据对教育研究具有重要意义，可为教育发展提供理论依据和指导方向。

三、英语教学评价的分类

英语教学评价可以分为诊断性评价、形成性评价、总结性评价、起点评价、教学性评价、正式评价。

（一）诊断性评价

诊断性评价，作为一种特殊类型的教学评价，具有重要的教育意义。它旨在帮助教师了解学生的知识、技能和情感状况，以判断他们是否具备实现当前教学目标所要求的条件，并为实现因材施教提供依据。诊断性评价在教学活动开始前进行，可以帮助教师了解学生的学习准备程度，从而制订合适的教学计划。

1. 诊断性评价可以帮助教师了解学生的学习基础

通过对学生的知识、技能和情感状况进行评估，教师可以清楚地了解学生在某一学科领域的知识储备和技能水平。这样，教师就可以根据学生的实际情况制订合适的教学计划，确保教学活动的顺利进行。

2. 诊断性评价有助于教师确定学生的学习准备程度

通过对学生的学习态度、学习习惯和学习动机等方面进行评估，教师可以了解学生在开始新的教学活动前的准备状况。这有助于教师为学生提供恰当的支持和指导，帮助他们更好地适应新的学习环境和要求。

3. 诊断性评价可以为教师的教学安排提供依据

根据学生的知识储备和学习准备程度，教师可以为他们提供个性化的教学安排，确保每个学生都能在适合自己的环境中学习。这有助于提高学生的学习效果。

诊断性评价通常在课程、学期或学年开始时，或者在教学过程中某一环节进行。为了保证评价的有效性，教师可以采用多种评价方法，如测试法、观察法等，以全面了解学生的知识、技能和情感状况。诊断性评价的目的是设计出可以满足不同水平和不同学习风格的学生所需的教学方案，并将学生置于对其最有益的教学程序中。

（二）形成性评价

形成性评价是一种与传统的终结性评价相对的教学评价方法。它旨在对学生在日常学习过程中的表现、所取得的成绩以及所反映出的情感、态度和策略等方面进行持续性的评价。形成性评价的目的在于激励学生学习，帮助他们有效调控自己的学习过程，使学生获得成就感，增强自信心，养成合作精神。通过形成性评价，学生能够从被动接受评价的角色转变为评价的主体和积极参与者。

1. 形成性评价实施的阶段

形成性评价的实施包括以下六个阶段。

自评阶段——学生自己对自己的学习表现进行评估，以便更好地了解自己在学习过程中的优点和不足。

专家评价阶段——邀请相关领域的专家对学生的学习成果进行评价，以获取更加客观和权威的意见。

一对一评价阶段——学生之间相互评价，通过同伴的意见和建议来促进个人的学习进步。

小组评价阶段——在小组活动中，组员共同评价整个小组的表现和成果，以提高团队合作的效果。

实际评价阶段——教师在实际教学过程中对学生的表现进行观察和评价，从而了解学生的学习情况。

进行中的评价阶段——在整个学习过程中，教师不断地对学生的学习情况进行评价，以便及时发现问题并进行改进。

2. 形成性评价实施的途径

形成性评价的实施主要通过以下三个途径进行。

（1）课堂内外结合。通过对语言的课外延伸，英语教师可以激发学生学习英语的兴趣，使学生更积极地参与到课堂教学中。

（2）评价学习态度和学习习惯。通过自评、他评和师评相结合的方式，学生可以全面了解自己的学习态度和学习习惯，从而在学习过程中进行相应的调整。

（3）以听说为起点，以综合为落脚点。通过对学生的听力和口语表现进行评价，英语教师可以及时了解学生在这两个领域的情况，从而采取有效的措施提高他们的英语听说能力。最终，形成性评价将关注点放在学生的综合能力上，以确保他们在英语学习中实现全面发展。

（三）总结性评价

总结性评价又称终结性评价或事后评价，是一种在教学活动结束时进行的评价方法，旨在了解教学活动的整体效果。总结性评价的重点在于评估学生是否达到了预定的学习目标和要求，以便对他们进行全面的鉴定，区分等级，并评定整个教学活动的成果。总结性评价通常以学期末或学年末的各科考试、考核为主要评价形式。它以预设的教学目标为基准，对学生在特定学科的整体掌握程度进行评估。相较于其他评价方法，总结性评价的概括水平较高，涵盖的内容范围较广，评价次数较少。

总结性评价的优势在于能够对学生的学习成果进行全面、客观的评估，有助于教师了解学生在整个学期或学年中的学习成果，同时有助于学校和教育部门了解教学质量，从而优化教育资源和调整教育政策。此外，总结性评价还能激励学生更加努力地学习，以期在考试中取得好成绩。

（四）起点评价

起点评价是一种重要的评价方法，它在学期初或学年初进行，以便帮助英语教师更好地了解学生的基本学习状况，为建立和谐的教学环境打下基础。这种评价方法对英语教师提出了较高的要求，需要英语教师

在短时间内对每个学生的学习特点和性格有一个初步了解，从而促进课堂教学的积极开展。

为了进行有效的起点评价，英语教师可以从以下七个方面切入，如表 6-1 所示。

表6-1　起点评价的主要内容

项　目	具体内容
个人信息	收集学生的年龄、性别、家庭背景等基本信息，以便更好地了解学生的个性和需求
学习水平	通过简单的测试、观察和讨论，评估学生的基本知识和技能，以便合理地分配学习任务
学习习惯和态度	了解学生的学习方法、自主学习能力和对某一学科的兴趣，从而确定课堂教学策略
心理特征	评估学生的性格、情感和心理需求，以便在教学过程中关注学生的心理健康和情感发展
团队协作能力	观察学生在小组活动中的表现，评估他们的沟通、协作和领导能力，从而为分组教学提供依据
创造力和批判性思维	通过开展有创意的活动和讨论，评估学生的创新思维和批判性思维能力，为课程设计提供参考
潜能挖掘	发现学生在特定领域的潜在优势，鼓励他们在这些领域中发挥潜力，从而促进学生的全面发展

通过以上方面的评价，教师能够全面了解学生的学习状况，为课堂教学提供有针对性的指导。在进行起点评价后，教师需要及时调整教学方法和策略，确保课堂教学的有效性和针对性。

（五）教学性评价

课堂教学性评价是教育教学过程中至关重要的一环，它旨在通过全面地、系统地分析教学过程和结果，为教师提供有针对性的改进建议，从而提高教学质量。教学性评价主要包括备课评估和实施评估两个方面。

首先，备课评估是确保教学质量的基础。它要求教师在教学前进行充分的准备，包括明确教学目标、分析教学内容、选择合适的教学方法和整合教学资源等。在明确教学目标的过程中，教师需要结合学生的实际情况和教学大纲，确保所设定的目标具有针对性和可操作性。在分析教学内容时，教师要对知识点进行深入的剖析，弄清楚知识点之间的内在联系，为课堂教学提供清晰的逻辑脉络。在选择教学方法时，教师要充分考虑学生的年龄、认知水平、兴趣等因素，采用多样化的教学手段，激发学生的学习兴趣。在整合教学资源方面，教师需要调查和搜集各类教学资源，如课本、多媒体课件等，为教学提供丰富的素材。

其次，实施评估关注的是课堂教学过程。教师在实施评估中要密切关注学生的学习情况，及时调整教学进度和策略。实施评估主要包括教学过程管理和学生表现评估两个方面。教学过程管理要求教师善于把握课堂节奏，合理安排教学活动，创造良好的课堂氛围。教师要关注学生的反馈，对教学过程中出现的问题，要及时进行解决。学生表现评估则要求教师对学生的学习成果、学习态度、学习策略等方面进行评价，并为学生提供个性化的指导建议。

（六）正式评价

正式评价指的是在评价之前就已经制订了相互完善的、具有针对性的评价方案，让评价者严格按照规定的内容和程序进行的评价。正式评价包含评分、评语以及家长座谈等内容。

以上六种评价方式并不是相互排斥的，在英语教学过程中，教师需要根据英语课堂教学的特点以及学生的具体情况来选择合适的评价方式，这样才能完善评价机制，提升英语教学的有效性。

四、英语教学评价的特点

在英语教学过程中，评价是一个至关重要的环节。教学评价可以使教师发现教学中的不足，从而提高教学质量。英语教学评价的特点主要体现在以下五个方面。

（一）以学生为主体

教学评价关注学生的学习需求，着重发现和培养学生的潜能，在这一过程中，英语教学评价以学生为主体，全面考虑他们的认知、情感和动机因素，这样可以为英语教学提供更为精准的教育资源和支持。

首先，教学评价关注学生的学习需求。不同的学生可能在知识掌握、技能应用和学习策略上存在差异，因此，教学评价应关注个体差异，以确保每个学生都能得到适合自己的教育支持。通过深入了解学生的需求，教师可以调整教学方法和策略，从而提高教学效果。

其次，教学评价可以发现和培养学生的潜能。评价不仅要关注学生已经掌握的知识和技能，还应关注他们的潜在能力。教师可通过评价发现学生的优势和兴趣，为他们提供更多的挑战和机会，激发他们的学习激情，使他们在学业上取得更好的成绩。

（二）教师引领

教师在评价过程中发挥关键作用，扮演着引领的角色。教师根据实际需求自主设计评价内容、方法和处理反馈信息的方式。教学评价在教师的把控下展开，体现了教师的专业能力。在教学评价中，教师的专业素养和教育智慧得到充分体现。

（三）针对性强

教学评价因教师、学生和教学内容而异。一个班级的评价方法未必适用于另一个班级，一种课程的评价方式不一定适合其他课程。这要求教学评价具有针对性，为不同情境下的课堂和学生量身定做。针对性强的教学评价能更有效地把握学生的学习需求，为他们提供恰当的支持和指导。同时，它有助于教师根据教学实际情况调整教学方法，提高教学效果。

（四）连贯性明显

教学评价非一次性事件，而是持续、不间断的过程。为确保教学方法的有效性，教师在第一次评价后将继续进行多次评价，形成反馈链，这样可以根据反馈及时调整教学策略，提高学生学习效果。此外，教学评价的连贯性还表现在英语教学这一过程中，教师不断观察学生的学习状况，根据评价结果作出相应调整。这样的评价过程有助于激发学生的学习积极性，促使他们在学习上取得更大的进步。

（五）互惠共赢

教学评价能使教师和学生从评价中找到自身不足，并采取措施加以弥补，以取得更大的进步。教学评价的互惠共赢性有助于提升教育质量。教师通过评价可以更好地了解自己的教学方法和策略是否有效，从而优化教学过程。而学生在接受评价后，能对自己的学习情况有更清晰的认识，为未来学习制订更合适的计划。这种互惠共赢的局面不仅有利于提高教师的教学水平，还有助于培养学生的自主学习能力，使其养成良好的学习习惯。

五、英语教学评价的基本原则

在英语教学评价中，主要有目的性原则、可行性原则、客观性原则、过程性原则、激励性原则、效益性原则这六个原则。

（一）目的性原则

目的性原则要求评价者明确评价的目标和预期效果。对于教师来说，他们应该对各种评价方法的目标和预期效果有所了解，并根据教学实际情况选择适当的评价方式。只有教师清楚评价的目标，才能确保评价活动对学生学习有实质性的帮助。对于学生来说，他们应该了解各种评价方法的重要性、具体操作和作用，这样才能积极配合教学评价的实施，从而促进教学评价的有效开展。目的性原则强调教学评价不仅要有明确的目标，还要与学生的需求和教学实践相结合。

（二）可行性原则

可行性原则要求英语教学评价具备实际操作性。这意味着评价方法不应过于烦琐或复杂，符合学生的心理预期，否则学生可能会对评价产生厌烦心理，不愿意积极参与。同时，评价方案也需要具备易操作性和灵活性，以确保评价活动能够顺利进行。可行性原则关注教学评价的实用性，以提高评价活动的参与度和有效性。

（三）客观性原则

客观性原则强调英语教学评价的公正性和真实性。评价者应力求客观，避免主观臆断和随意性。只有尊重客观规律，教学评价才能发挥出真正的作用。客观性原则意味着评价者需要使用可靠的评价工具和方法，避免偏见和误导。这一原则保证了评价结果的准确性，有助于提高教学质量。

（四）过程性原则

过程性原则主张将教学评价融入课堂教学的全过程。这一原则要求评价活动贯穿整个教学过程，呈现出连续性，以确保评价实施的效果。过程性原则关注评价活动对学生学习和教师教学的实时反馈，有助于教师及时调整教学策略，提高教学质量。

（五）激励性原则

激励性原则强调教学评价应激发学生的积极性和兴趣。传统的应试教育模式往往将评价与考试画等号，导致学生产生厌学心理。激励性原则要求教学评价不仅关注学生的学习成绩，还要关注学生的兴趣、潜能和个性发展。这样的评价方式能够调动学生的积极性，为他们提供更大的发展空间，从而促进学生的全面发展。实施激励性原则，教师可以采用多种评价方法，如同伴互评、小组合作评价等，以提高学生的参与度和自主学习能力。

（六）效益性原则

效益性原则关注教学评价的成本效益。这一原则要求评价者在有限的时间和资源内，充分发挥教学评价的作用，实现教学成果与物质代价和精神代价的平衡。遵循效益性原则，教师需要合理安排教学活动，确保评价过程既能提高学生的学习效果，又能降低教学成本。效益性原则有助于识别和调整不适宜的教学环节，提高教学效率。

六、英语教学评价方式

英语教学评价方式主要有学生自评、学生互评、教师评价、合作评价以及其他评价方式。

（一）学生自评

在英语教学评价中，学生自评是评价的基本方法之一。在英语教学过程中，学生可以通过自我评价来为教师提供评价信息。在这一过程中，学生需要了解开展学生自评的基本标准，其评价的方式可以是正式的，也可以是非正式的。在自评的初级阶段，学生通常只对英语学习的某一方面进行评价，之后逐渐建立起一套自评体系。例如，学生评价自己的写作能力，如评价写作之前是否做了充分的准备，选题是否正确，语篇是否完整等，评价完这一系列的内容之后，会对自我语言能力有基本了解，认识到自己的优点与不足，从而明确自己的薄弱环节，之后加强薄弱环节的练习。

学生自评的基本流程是，教师首先要与学生制订相关的评价标准，如写作方面的基本要素。

What a good writer can do（一个优秀的作家能做到什么）

I can plan before I write.

我可以在写作之前进行计划。

I can write about real things.

我可以写关于真实事物的内容。

I can write stories with a beginning, middle, and an end.

我可以编写有开头、中间和结尾的故事。

I can ask others to read my work.

我可以请别人阅读我的作品。

I can write complete sentences.

我可以写出完整的句子。

I can leave spaces between words.

我可以在单词之间留出空格。

I can put periods at the end of sentences.

我可以在句子的末尾加上句号。

I can make my hand writing easy to read.

我可以让我的手写字易于阅读。

其次，学生需要实践以上标准，并对实际的写作成果进行评价。在评价过程中，学生既能找到自己作品的独特点，也能找到作品中存在的问题。学生自评的结果一方面可以作为学生改进的参考，一方面也可以作为教师调整教学策略的参考。

（二）学生互评

通过学生之间的相互评价，学生了解到自己的学习成果，认识到自己的优势以及不足之处。此外，通过评价还能了解同伴之间的差异，也会进一步明确学习的方向。

学生互评需要学生具备沟通技巧和合作技巧。学生互评可以渗透到各项活动中，如口语、写作等。在学生互评之前，教师需要先做示范，让学生明白互评的程度与方式，之后开展学生互评。学生在互评过程中，可以采用小组内部评价、小组与小组之间评价、一人评价多人、多人评价一人的方式。

（三）教师评价

教师评价在英语教学评价中占据重要地位，涵盖了对学生课堂参与度、笔记、单元学习成绩以及课后阅读情况等方面的评估。在对学生的学习行为进行评价时，教师需要注意以下内容。

第一，教师应向学生展示学习和评价的方法，管理学生的学习过程，并协助学生进行自我评估。

第二，在学生实施评价标准的过程中，教师应提供指导和支持，帮助学生对自己的学习过程进行反思。

第三，教师应与学生共同探讨学习目标，定期检查学生自评和互评情况，评估学生的进步情况，并向学生提供反馈，以帮助他们设定新的学习目标。

评语是教师评价的重要组成部分。因此，教师需要注意，评语应简明、具体且有针对性，并同时包含学生的优点和不足。教师可以将评语附在学生的作业本上，以便学生获得反馈。此外，教师还可以通过日常记录、学生行为评价表以及座谈等形式对学生进行评价。

（四）合作评价

合作评价是一种重要的评价方法，因为许多教学活动都需要教师和学生共同参与，并共同面对学生的成长。师生合作评价对教学具有重要意义，为师生提供了有价值的信息。

合作评价有积极的意义。一方面，学生可以从合作评价中获得教师的反馈，从而发现自己的不足之处，并明确努力的方向；另一方面，教师也能通过合作评价获取学生的反馈，进而逐步改进教学方法，提高教学效果。

（五）其他评价

其他评价方式包括档案袋评价、座谈评价、自我提问评价、电子化评价等，如表 6–2 所示。

表6–2　英语教学其他评价方式

评价方式	具体内容
档案袋评价	主要记录学生平时的学习情况并向家长或者其他相关人员展示学生的学习情况
座谈评价	通过教师与学生之间的谈话来实现，可以是简短的座谈，也可以是深入的座谈
自我提问评价	通过自问自答的形式来检测自己的水平
电子化评价	运用计算机网络技术来评价英语教学

第二节　英语教学在“互联网＋教育”中的多元教学评价体系建构

近年来，高校英语专业进行了一系列的改革，主要改革的是原有的教学模式，逐渐转变为以培养学生综合应用能力、听说能力、文化素质为重点的新的教学模式。

一、“互联网＋教育”下的英语教学评价的现状

在“互联网＋教育”背景下，人们对英语教学的研究集中体现在如何使用互联网技术改革高校英语教学模式方面，对英语教学评价的研究较少，且英语教学评价也存在一些亟待解决的问题。

（一）在评价理念上需要建立激励机制，鼓励不同层次的学生形成学习的良性循环

随着互联网技术的飞速发展，英语学习方式增多。这种多样化的学习方式为学生提供了更多的学习资源和平台，使他们能够根据自己的需求和兴趣进行个性化学习。然而，这也给英语教学评价带来了挑战，传统的评价理念可能无法完全满足这种新型学习环境的要求。在这个背景下，英语教学评价需要进行改革，以便更好地适应技术和学生需求的变化。对此教师需要建立一个激励机制，将评价与学生的兴趣、需求和潜能联系起来。这种激励机制应当充分考虑到学生的个体差异，为不同层次的学生提供合适的挑战和支持，从而帮助他们形成学习的良性循环。

（二）在评价内容上需要拓展

英语教学评价通常更注重学生的基础知识掌握程度，如语法、词汇和阅读理解等。这种评价方式对于衡量学生在这些方面的成绩是有一定作用的，因为基础知识是学习英语的基石。然而，对学生综合能力和素质方面的评价则略显不足。英语学习不仅仅是为了掌握语言知识，更是为了提升学生的跨文化交际能力。

（三）在评价方法上需要培养学生的能力及智能因素

当前，英语评价手段相对单一，传统的评价方法多集中在笔试和口试上。这种评价手段主要关注学生的语法、词汇和阅读理解能力，而忽视了学生的听力、写作和实际交际能力。由于评价手段单一，教师很难全面了解学生的英语水平和需求，从而无法为学生提供个性化的教学和支持。这可能导致不同层次的学生在学习过程中得不到足够的关注和帮助。

在"互联网＋教育"的背景下，英语教学评价需要在评价方法上进行改革，更加注重培养学生的能力和智能因素。这意味着评价不仅要关

注学生的语言知识和技能，还要关注他们的认知、情感和社会交际能力，以及创新和批判性思维等智能因素。

二、“互联网＋教育”下的英语多元教学评价体系建构的必要性

构建英语多元教学评价体系在“互联网＋教育”的背景下显得尤为重要和必要。

首先，多元教学评价体系有助于适应新型学习环境的要求，建立激励机制，使评价与学生的兴趣、需求和潜能相结合，从而实现学习的良性循环。这种激励机制不仅关注学生的基础知识掌握程度，而且鼓励不同层次的学生发挥潜能，建立自信心。

其次，多元教学评价体系不仅关注学生的基础知识掌握程度，如语法、词汇和阅读理解等，还关注学生的综合能力和素质，如跨文化交际能力、创新能力和批判性思维等。这样的评价体系能够更全面地反映学生的英语学习成果，提升教育质量。

最后，多元教学评价体系要求在评价方法上进行改革，培养学生的能力和智能因素。这意味着在评价过程中，教师需要关注学生的听力、写作和实际交际能力。通过采用多种评价方法，如自我评价、同伴评价、小组评价和教师评价等，教师能够更准确地了解学生的实际需求，进而调整教学策略，提供个性化的教学和支持。

三、“互联网＋教育”下的英语多元教学评价体系建构的理论依据

（一）多元智能理论

多元智能理论突破了传统教育中对智能单一化的认识，强调人的智能是多样化、动态的。多元智能理论认为，每个人都是与众不同的，只

有承认学习者所具有的不同类型的智能结构时，教育才能取得最好的效果。这一理论有助于教育学家重新认识传统教育中对学习者智能形式的评价方式，深入挖掘学习者身上尚未被发现的潜在智能形式。

多元评价是多元智能理论的主要特点之一。与传统评价方式相比，多元评价更加关注学习者的优势智能形式的充分发挥和其他智能形式的协调发展，尤其重视学习者实践能力和创新能力的发展。因此，多元智能理论要求开展的多元评价，旨在从多角度发掘和评估学生的潜能，为每个学生提供更加公平、全面和个性化的教育。

首先，多元评价强调关注学生的优势智能，强调每个学生都有自己擅长的领域，学校和教师应该为学生提供个性化的教学支持，帮助他们在自己的强项上取得更好的成绩。这样的评价方式有利于培养学生的自信心，激发他们的学习兴趣和积极性。

其次，多元评价强调关注学生的全面发展。除了言语 / 语言智能和逻辑 / 数理智能之外，学生的音乐、体育、人际交往等方面的能力同样重要。多元评价应该兼顾各种智能形式，帮助学生在不同领域取得进步。这样的评价方式有助于培养学生的综合素质，提升他们在未来社会和职场中的竞争力。

最后，多元评价强调关注学生的创新能力和实践能力。在现代社会，创新和实践能力是至关重要的素质。多元评价应当鼓励学生勇于尝试新的思路和方法，激发他们的创造力。同时，评价应当注重学生在实践中的表现，培养他们解决实际问题的能力。这样的评价方式有利于培养学生的创新精神和实践能力，为他们未来的发展奠定基础。

（二）建构主义理论

建构主义理论对多元化的教学评价产生了重要影响。建构主义强调学生应成为知识建构的积极参与者，而不仅仅是对外部刺激的被动接受者；教师应作为学生积极建构知识意义过程中的辅导者，而不仅仅是知识的传授者。学生需要对自己的学习进行自我监控、自我评估和自省，以便检查自己建构新知识的过程和成果，进而不断优化学习策略，实现最终的学习目标。因此，在学习过程中，评价的主体应当是学生，涵盖了学生的自我评估和相互评价。评价不仅应关注学生的学习成果，还应全面地关注学生的学习过程。

建构主义理论的教学思想包括知识观、学习观、学生观、师生角色的定位及其作用、学习环境和教学原则等方面。

1. 知识观

建构主义的知识观是一种关于知识和学习的理论观点，强调知识的相对性、动态性和主体性。从这个观点来看，知识不是固定不变的、客观存在的实体，而是人们基于自身经验和背景所建构的。以下是对建构主义知识观三个主要观点的阐述。

建构主义认为知识不是对现实的纯粹客观的反映，而是人们对客观世界的一种解释、假设或假说。知识不是问题的最终答案，而是随着人们认识程度的深入而不断地变革、升华和改写的。这意味着知识是相对的，不同的人可能会有不同的解释和看法。知识的动态性表现在它随着时间和人们认识的发展而不断更新和发展。

建构主义强调知识并不能绝对准确无误地概括世界的法则，提供对任何活动或问题解决都适用的方法。在具体问题解决中，知识需要根据具体情景对原有知识进行再加工和再创造。这意味着知识是有实用性的，需要根据实际情况进行调整和创新，以满足特定情境下的需求。

建构主义认为知识不可能以实体的形式存在于个体之外。虽然通过语言赋予了知识一定的外在形式，并且获得了较为普遍的认同，但这并不意味着学习者对这种知识有同样的理解。对知识的真正理解只能是由学习者自身基于自己的经验背景而建构起来的。这强调了学习者在知识建构过程中的主体地位，认为知识的理解和掌握是一个主动的、创造性的过程。

2. 学习观

建构主义的学习观认为学习是一个主动的、创造性的过程，学习者在这个过程中是核心参与者。建构主义认为学习不是教师把知识简单地传递给学生的过程，而是学生基于自身的经验背景，通过主动地参与和互动来建构知识的过程。学生在这个过程中不仅需要接收信息，还需要对信息进行处理和理解，以形成自己的知识体系。

建构主义强调学习不是被动接收信息刺激，而是主动地建构意义。学习者需要根据自己的经验背景对外部信息进行选择、加工和处理，从而获得知识。这一过程涉及新旧知识经验间的反复的、双向的相互作用。关于学习意义的建构，建构主义认为学习意义的获得是基于学习者原有的知识经验，通过对新信息的重新认识和编码来实现的。在这一过程中，学习者原有的知识经验会因为新知识经验的进入而发生调整和改变，从而实现知识的更新和发展。

建构主义认为同化和顺应是学习者认知结构发生变化的两种途径或方式。同化是认知结构的量变，而顺应是认知结构的质变。在学习过程中，新旧知识经验的冲突以及由此引发的认知结构的重组是至关重要的。学习不仅仅是信息的积累，更重要的是学习者与学习环境之间的互动过程，通过新旧知识经验之间的相互作用来促进认知水平的发展。

3. 学生观

建构主义的学生观强调学生在学习过程中的主体性、积极参与性以及他们所拥有的丰富的知识经验和独特的认知能力。这一观点主张教学过程中教师不应简单地将知识灌输给学生，而是要关注学生原有的知识经验，并引导他们从这些经验出发，发现和解决问题，从而建构新的知识。教师在这个过程中不仅是知识的传递者，还是学生学习、成长的引导者和促进者。建构主义学生观强调教师与学生之间的互动和交流，倾听学生的观点和想法，从而激发学生的创造力和主动性，实现个体和集体的共同成长。

4. 师生角色的定位及其作用

在建构主义教学中，教师的角色发生了重要的转变。首先，教师不再是传统的知识权威，而是作为学生的辅导者、高级伙伴和合作者参与到学生的学习过程中。教师需要提供复杂的真实问题，并鼓励学生在多重视角中寻求解决方案。其次，教师需要为学生创设良好的学习环境，通过独立探究和合作学习等多种方式促进学生的知识建构。最后，教师应关注学生的元认知能力发展，提供相应的心理测量工具和认知加工策略，使学生能够自我评估和调整学习过程。

学生在建构主义教学中需要成为积极的学习参与者和知识建构者。为适应复杂、真实的认知情境，学生需采用新的学习策略和认知加工方式，自主搜集、分析信息，提出假设并加以验证。学生应善于将新知识与已有经验联系起来，并通过反思和协商过程深化理解。教师在此过程中要关注学生的最近发展区，并提供适度的辅导，以确保学生能够在适度的挑战与支持之间实现有效的学习与发展。

5. 学习环境

建构主义学习环境强调将学习者置于真实世界的情境中，使他们能够主动地、有意义地与知识进行互动。在这样的环境中，学生能够从具体的问题和实际情境出发，挖掘自己已有的知识和经验，并与他人合作，共同解决问题。为了创造这种环境，教师需要关注情境的设计，以确保它能够吸引学生的注意并激发他们的学习动机。同时，教师应尽可能地提供多样化的学习资源，帮助学生建立与现实世界的联系，从而促进学生的认知发展。

在建构主义学习环境中，协作和交流是至关重要的。教师需要鼓励学生在学习过程中相互合作，共同探讨问题，通过讨论、辩论加深对所学内容的理解。此外，学生应在协商过程中与他人分享想法，倾听不同观点，并在这些观点中发现新的知识和见解。教师在这一过程中扮演着指导者和促进者的角色，帮助学生在交流和协作中实现意义建构，从而达到教学目标。这样的学习环境有利于培养学生的批判性思维、问题解决能力和自主学习能力，为他们的终身发展奠定基础。

6. 教学原则

建构主义理论的教学原则包括以下八点。

（1）把所有的学习任务都置于为了能够更有效地适应世界的学习中。

（2）教学目标应该与学生的学习环境中的目标相符合，教师确定的问题应该使学生感到就是他们本人的问题。

（3）设计真实的任务。真实的活动是学习环境的重要特征。就是应该在课堂教学中使用真实的任务和日常的活动或实践整合多重的内容或技能。

（4）设计能够反映学生在学习结束后就从事有效行动的复杂环境。

（5）给予学生解决问题的自主权。教师应该刺激学生的思维，激发他们自己解决问题的能力。

（6）设计支持和激发学生思维的学习环境。

（7）鼓励学生在社会背景中检测自己的观点。

（8）支持学生对所学内容与学习过程的反思，发展学生的自我控制的技能，使其成为独立的学习者。

四、“互联网＋教育”下英语多元教学评价体系建构策略

这里主要从评价方式、评价内容、评价主体以及评价工具等方面来建构“互联网＋教育”下的英语多元教学评价体系。

（一）评级方式

1. 过程性与结果性评价相结合

过程性评价关注学生在学习过程中的表现，如参与度、合作能力、解决问题能力等；结果性评价关注学生的学习成果，如测试成绩、作业质量等。两者相结合能更准确地反映学生的学习状况。

在“互联网＋教育”背景下，教师可以借助互联网技术实现英语过

程性评价与结果性评价相结合。教师可以利用在线学习平台和学习管理系统（LMS）来实现过程性评价与结果性评价相结合。在线学习平台可以实时追踪学生的学习进度，教师可以根据这些数据对学生的学习过程进行评价，发现学生在学习过程中的问题，并及时给予指导。同时，教师还可以利用在线学习平台开展在线测试、作业批改等评价活动，从而全面了解学生的学习成果。

2. 形式性与非形式性评价相结合

形式性评价主要包括定期考试、作业等，而非形式性评价关注学生在课堂讨论、课外学习等方面的表现。两者兼顾可使评价更加全面。

在进行形成性评价时，教师可以利用在线学习平台为学生提供一系列写作任务，要求学生在规定时间内完成并提交。教师可以根据学生提交的作品，对学生的写作水平和进步情况进行实时监控和评估。同时，教师还可以通过在线讨论区或者即时通信工具与学生进行互动，了解他们在写作过程中遇到的问题，并提供及时的反馈和建议。这样的评价方式能够帮助教师及时发现学生的问题，指导学生调整学习策略，以提高写作能力。对于非形成性评价，教师可以在课程结束时安排一次线上的写作大赛或者写作考试。这次评价将对学生在写作课程中的学习成果进行一个全面的检验。教师可以根据学生在大赛或考试中的表现，评估他们对写作技巧、篇章结构、语法等方面的掌握情况。此外，教师还可以将非形成性评价的结果与之前的形成性评价进行对比，以全面了解学生在整个写作课程中的成长与进步。

（二）评价内容

1. 语言知识与语言技能并重

英语教学评价应充分考虑学生的语言知识（如词汇、语法）和语言技能（如听、说、读、写）。在评价过程中，教师应关注学生的综合运用能力，提高其实际应用水平。在线学习平台可以为教师提供丰富的评价工具和资源。教师可以根据教学目标，设计不同类型的评价任务，如选择题、填空题、简答题等，以此评估学生的语言知识。同时，教师还可以设计一些与语言技能相关的任务，如口语练习、写作练习、听力测试等，以评估学生的语言技能。

2. 强化文化意识与跨文化交际能力

在全球化背景下，英语教学评价应重视培养学生的文化意识和跨文化交际能力，引导学生关注不同文化背景下的语言使用和交流策略。一方面，教师可以利用互联网搜集世界各地的文化背景资料、影视作品、新闻报道等多样化材料，将这些材料纳入教学内容中，让学生在学习语言知识的同时，了解目标语言国家的文化和社会现象，提高文化意识。另一方面，教师可以利用在线讨论区、社交媒体等平台，鼓励学生围绕目标文化主题展开讨论、分享和互动。通过这种在线互动评价方式，教师可以观察学生在实际跨文化交流中的表现，了解他们的跨文化交际能力水平。

3. 培养自主学习与合作学习能力

在英语教学评价中，评价内容应包括学生的自主学习能力（如自我管理、学习策略运用）和合作学习能力（如团队协作、沟通表达）。这将有助于培养学生的终身学习能力。关于自主学习能力的评价，教师可以在在线学习平台上为学生提供一系列个性化的学习任务，通过观察学生在这些任务中的表现以及他们如何有效安排和管理自己的学习时间，来评估学生的自主学习能力。此外，学生在课程论坛上的提问、讨论和反馈也可以帮助教师了解他们在自主学习方面的发展和需求。

关于学生合作学习能力的评价，教师可以设计一些线上的团队合作项目。在这些项目中，学生需要与自己的队友协同完成一项任务，如共同撰写一篇论文、准备一场线上演讲或进行一个主题研讨。通过观察学生在团队合作中的沟通、协调和解决问题的能力，教师可以评估他们的合作学习能力。同时，教师还可以要求学生在项目完成后进行互评，以了解他们在团队合作中的表现。

（三）评价主体

1. 教师评价

教师是评价主体之一。教师作为评价主体，主要负责组织、设计、实施评价活动，以及分析、反馈评价结果。教师应根据教学目标和学生特点，制定合理的评价策略，以全面了解学生的学习状况。

在“互联网＋教育”背景下，教师可以依托互联网资源更加高效地进行英语教学评价。在线评价工具和资源的运用使得教师可以更加客观、公正地评估学生的学习成果。同时，教师可以根据学生的在线学习数据，了解学生的学习进度、需求和问题，为他们提供有针对性的指导和支持。

为了提高英语教学评价的质量，教师还可以借助互联网平台与同行教师开展交流和合作。这种专业互动有助于教师了解最新的教学方法、评价策略和教育理念，从而不断提高自己的评价水平。此外，教师还可以参与线上的教育培训和研讨活动，以提升自己在英语评价领域的专业素养。

2. 学生自评

学生是教学评价中另一个重要的评价主体。学生自评是指学生对自己的学习过程和成果进行反思、分析和评价。通过自评，学生可以更好地了解自己的优点和不足，从而调整学习策略，提高学习效果。

首先，英语专业学生可以充分利用互联网技术开展自我评价。学生可以通过在线测试和测验来评估自己在词汇、语法、阅读和听力等方面的水平。当前，网站和应用程序提供了各种英语能力测试，如托福、雅思和剑桥英语考试等，这些测试可以帮助学生识别自己的优势和劣势。此外，学生可以通过在线学习平台参加互动课程，以提高口语和写作技能。学生还可以与来自世界各地的同学交流，这样可以了解自己的实际水平。其次，英语专业学生可以利用互联网技术搜集反馈。他们可以将自己的作品提交到在线论坛或社交媒体群组，向其他英语学习者和专业人士征求意见。这有助于他们了解自己在写作和表达方面的优缺点，以便在未来的学习中作出改进。此外，学生还可以利用在线工具和应用程序（如语音识别软件和语法检查工具）来评估自己的口语和写作技能。总而言之，互联网为英语专业学生提供了丰富的资源和工具，帮助他们更全面地了解自己的英语水平，从而进行有效的自我评价。

3. 同伴互评

同伴互评是学生自评的延伸，是指学生之间相互评价对方的学习表现。这种评价方式有助于提高学生的批判性思维、沟通协作能力，同时有助于培养学生的团队精神。

在同伴互评过程中，学生可以分享自己的作品，如文章、音频或视频，并邀请其他同学对其进行点评。这种相互评价的过程可以帮助学生从不同的视角审视自己的作品，从而发现自己可能忽略的问题。同时，通过对同学作品的评价，学生也能锻炼自己的批判性思维和分析能力。在这一过程中，互联网技术为学生提供了便捷的沟通渠道和实时互动的可能，使得同伴互评变得更加高效和生动。

（四）评价工具

1. 传统评价工具

传统评价工具包括笔试、口试等，适用于评价学生的基本知识和技能。

2. 现代评价工具

现代评价工具主要包括在线测试系统、学习管理系统（LMS）、学习分析工具等。这些工具可以为教师提供更丰富的评价信息，有助于实现个性化、精细化评价。

（1）在线测试系统。在线测试系统能够帮助教师轻松创建各种题型，如选择题、填空题、简答题等，学生可以在线完成测试，系统会自动进行批改并生成成绩报告。这不仅节省了教师批改试卷的时间，还使评价过程更加客观公正。此外，教师可以根据测试结果对学生进行针对性的辅导，从而提高教学质量。

（2）学习管理系统（LMS）。学习管理系统是一个集教学资源管理、学习活动组织、学生学习过程跟踪、评价反馈等功能于一体的综合性平台。教师可以通过 LMS 实时监控学生的学习进度和成绩，根据每个学生的需求进行个性化指导。同时，LMS 还可以为教师提供丰富的教学资源和活动设计，帮助他们实现更高效的教学。

（3）学习分析工具。学习分析工具可以帮助教师收集、整理和分析学生在学习过程中产生的大量数据，从而更深入地了解学生的学习特点和需求。这一工具可以提供如学习路径分析、成绩预测、学习习惯分析等功能，帮助教师精确识别学生的优势和劣势。

3. 创新评价工具

随着教育技术的不断发展，新型评价工具如虚拟现实（VR）、人工智能（AI）等也将与英语教学相结合并应用于英语教学评价中。这些工具能够帮助教师更好地了解学生的学习状况，为学生提供更具针对性的指导和支持。

在英语口语教学中，教师可以使用 VR 和 AI 技术来创建模拟场景，帮助学生提高交流技巧。教师可以使用 VR 技术创建虚拟的商务会议室环境，之后让学生戴上 VR 头盔，进入该虚拟环境。在这个虚拟商务会议室中，学生可以与虚拟角色进行互动，这些角色由 AI 扮演其能够模拟真实人类的语言和行为模式。在此过程中，AI 可以根据学生的口语表现给予反馈和建议，指出学生在发音、语法、词汇和沟通技巧方面的问题。教师可以通过 AI 系统收集到的数据了解学生在各个方面的表现，进而为学生提供更具针对性的指导和支持。此外，这种评价工具还可以减轻学生的心理压力，因为他们不需要在真实的人际场景中交流。这有助于学生更自信地练习英语口语，从而提高英语交流能力。通过将 VR 和 AI 技术应用于英语教学评价，教师不仅能更全面地了解学生的学习状况，还能为学生创造更多的实践机会，从而提高教学质量。

第七章　“互联网 + 教育”中英语教师专业素养培养

在“互联网 + 教育”背景下，高校英语教师的专业发展成为高校英语教学研究的重要组成部分。高校英语教师应当以互联网技术作为英语教学的重要手段，认清教师本身的角色以及需要具备的各项基本素质，不断探索科学的教师发展之路，促进教师专业发展。

第一节　教师专业发展概述

在“互联网 + 教育”背景下，对教师专业发展提出了更高的要求。在论述“互联网 + 教育”中的英语教师应当具备的素养以及如何培养之前，先对教师专业发展进行详细论述。

一、教师专业发展的提出和发展

随着社会和经济的发展，教育越来越受到人们的重视。从 20 世纪 60 年代中期开始，教师职业面临空前的挑战，由于发达国家的人口出生率下降导致对教师的需求减少、政府削减教育开支以及社会对教育质量不满等。在这种背景下，教师专业发展逐渐成为人们关注的焦点，其目的是提高教师教育质量，确保教师具备专业化的水平。

1966年，联合国教科文组织和国际劳工组织发布了《关于教师地位的建议》，强调教师应经过严格的、持续的学习，以获得并保持专门的知识和特别的技术。

1980年，《世界教育年鉴》出版，主要以教师专业发展为主题，进一步引起国际社会的关注。

1986年，美国卡内基教育和经济论坛、霍姆斯小组相继发表了《国家为培养21世纪的教师作准备》《明日的教师》两个重要报告，提出以教师专业性为教师教育改革和职业发展的目标。报告明确提出了“教学专业化”这一概念，并认为确立教学工作的专业性地位和建立相应的衡量标准是提高教学质量的关键。师范教育的责任在于培养出达到专业化标准的教师，以实现教学的专业化。另外，教师也可以较高的专业化水平赢得较高的社会地位。这一建议在美国得到了普遍认可，教学专业化改革运动迅速展开。

1996年，联合国教科文组织召开了第45届国际教育大会，会议上再次强调了专业化是提高教师地位的中长期策略，并提出四个方面来促进教师专业化。

第一，通过给予教师更多的自主权和责任提高教师的专业地位。

第二，在教师的专业实践中运用新的信息和通信技术。

第三，通过个人素质的提升和在职培养提高教师专业性。

第四，保证教师参与教育变革以及与社会各界保持合作关系。

这一强调标志着在教育内部开始关注教师在教学中的专业成长，教师专业发展成为教师发展的主题。

美国的教师专业化运动对其他国家教师发展产生了重要影响，许多国家将教师专业发展纳入教师发展的研究，促进了教师专业发展各项研究的快速发展。另外，英国、澳大利亚、日本等国家制定了教师专业发展的标准，用标准来推动教师专业的发展。我国从2012年开始编制了学前教师、小学教师、中学教师的专业标准，之后还编制了各学科教师的专业标准，在教师专业发展方面取得了一定的成绩。

二、教师专业发展的相关内容

（一）专业及教师专业性

“专业”一词源于拉丁语，其意思是“公开地表达自己的观点或者信仰”，与专业相对的是行业。在德语中，“专业”一词代表着具备学术性、自由性、文明特征的社会职业。专业是指一群人从事一种需要特殊技术和知识的职业，其目的在于为社会提供专门性的服务。专业具有一系列特征，包括专门知识与技能、专业自治或自主权、专业守则、专业团体、社会信任与满意度、较高的社会地位与经济地位、长时间的专业训练，以及能从事研究活动等。

教师专业性指的是教师作为专业人士所具备的特点。教师专业性包括以下六点。

第一，掌握专门（所教学科）的知识和技能体系。教师需要具备丰富的学科知识和高超的教育技能，以便为学生提供高质量的教育。

第二，经过较长时期的职业训练，掌握教育学科的知识和技能，并经过“临床”实习。教师需要接受长时间的专业训练，以便熟练掌握教育理论和实践方法。

第三，有较高的职业道德。教师应具备正直、公正、关爱学生等高尚品质，为学生树立良好的榜样。

第四，具有不断提升自身专业水平的能力，即进修的意识和不断学习的能力。教师应具备进修意识，通过进修不断提高自己的专业水平。

第五，具有职业自主权，包括在职业生活中对于专业事务的判断和行动的独立性，自主规定适合本职业的资格条件。教师在遵守教育方针和课程标准的前提下，有权自主处理教育教学工作，并提出对教师资格的要求。

第六，具有职业的专门组织，即行业组织，进行行业自律。教师需要加入专业团体，共同维护行业的规范和标准。

（二）教师专业发展的概念及特征

1. 教师专业发展的概念

教师专业发展是指在教师职业生涯的每个阶段，教师通过不断的学习和实践，掌握教育领域所需的专业知识和技能。这个过程强调了教师在整个职业生涯中不断发展和完善其专业素养的重要性。教师专业发展也指教师在其职业生活中的个人成长，这包括信心的增强、技能的提高、对所教学科知识的不断更新，以及对自己在课堂上行为选择的意识强化。此外，教师的专业发展还包括超越技能范畴，呈现出艺术化的表现，将工作提升为专业，并将专业智能转化为权威。

教师专业发展是一个包含所有自然学习经验和有意识组织各种活动的过程，这些经验和活动直接或间接地让个体、团体或学校受益，从而提高课堂教育质量。在这一过程中，具有变革力量的教师独自或与他人一起检视、更新和拓展教学的道德目标。教师在与学生和同事共同度过的教学生活的每个阶段中，不断地学习和发展优质的专业思想、知识、技能和情感智能。他们的学习和发展具有批判性，因为教师不仅仅是知识和技能的容器。

综合以上教师专业发展的定义，可以得出教师专业发展从本质上说是教师个体的自我发展过程，是教师在教学中不断更新知识、增强专业能力的过程。教师要想成为一个具有专业水平的专业人员，需要不断学习，不断拓展其专业内涵，直到达到专业成熟的目的。教师专业发展一方面强调教学工作是一种专门职业，教师是从事这一职业的专业人员，是经过专业培训的具有特定的行为规则和自主性的专业人员。另一方面，教师专业发展还强调教师专业化，注重提高教师的职业素养。

2. 教师专业发展的特征

（1）具有持续性，确保教师能够长期发展和进步。

（2）能提供个人反思和团体探究的机会，辅以相关指导和提供跟进措施。

（3）以校为本，紧密联系教师的实际工作。

（4）强调合作性，为教师提供互相帮助的机会。

（5）关注学生学习，并将其作为评估有效性的一个指导原则。

（6）鼓励并支持以校为本的教师革新计划。

（7）具有基于实际教学经验的知识基础。

（8）将建构主义观点融入教学中。

（9）尊重教师作为专业人士和成人学习者的身份。

（10）提供充足的时间和后续支持，以确保教师专业发展的实现。

（11）易于理解和整合，以便教师能够有效地运用所学知识。

这些特征揭示了有效教师专业发展应该具备的关键要素，因而有助于提高教育质量和教师的职业素养。

三、教师专业化及其与教师专业发展的关系

（一）教师专业化

专业化，指的是某一专业人员达到该专业标准的动态发展过程，又指其成长为专业人员的静态发展结果。因此，教师专业化的探讨应当包括动态和静态两个维度。从动态的角度来看，教师专业化主要涉及教师在接受严格的专业培训和自我学习的基础上，逐步发展成为一名专业人员的过程。实现这一过程需要教师付出努力，同时需要创造有利的外部环境。这两个方面相互促进，缺一不可。从静态的角度来理解，教师专业化是指教师职业成为一个真正的专业领域，教师作为专业人员获得社会认可的最终成果。因此，“专业化”将成为教师未来发展的关键方向。

至于教师专业化的标准，主要包括教师自身素质、客观环境两大内容。

1. 教师自身素质

教师自身素质是教师专业化标准的核心内容，主要包括以下内容。

（1）具有专业责任感和服务精神。

（2）受过较长时间的专门训练。

（3）具有较强的专业基础。

（4）具备教育实践能力，包括教育活动组织能力、教育性反应意识、教育监控能力，对儿童行为学习、交往、情感的指导能力、和谐师生关系、支持性同伴关系。

2. 客观环境

（1）创建完善的教师职前培训体系。

（2）提供多途径、多形式的教师在职进修机会。

（3）为教师提供参与研究的机会，鼓励其积极参与科研。

（4）建立教师专业团体。

（5）明确严格的教师选拔和任用制度。

（6）提高教师的经济和社会地位。

（二）教师专业化与教师专业发展的关系

教师专业化与教师专业发展在教育领域内具有重要的意义。关于它们之间的关系，存在以下三种不同的观点。

第一种观点——教师专业发展与教师专业化是等同的。这种观点主张，两者都指提升教师的专业性，使教师更具专业素质的过程。从这个角度来看，教师专业发展与教师专业化是一个整体概念，两者在实践中是紧密联系的。

第二种观点——教师专业化和教师专业发展是两个不同的概念。教师专业化是指教师职业专业化的过程，而教师专业发展是指教师个体由不成熟逐渐成长为成熟的专家型教师的过程。在这个观点中，教师专业化关注的是教师整体的职业发展，而教师专业发展更注重个体教师的成长和发展。

第三种观点——教师专业化包含了教师专业发展。这个观点将专业化划分为地位的改善和实践的改进两个维度。地位的改善是满足一个专业性职业的制度，实践的改进则是通过提高实践者的能力来改善所提供服务质量的过程。从这个角度来看，教师专业化与教师专业发展并非对立，而是相互关联和影响的。

教师专业化与教师专业发展两者之间既存在联系，又存在差异。其可以从广义和狭义角度来分析。从广义上看，教师专业化与教师专业发展都是强化教师专业性的过程，对教师的发展有积极的意义。从狭义上看，教师专业化强调的是教师的群体价值，强调社会功用，是教师整个群体的专业性提升。而教师专业发展更多是从教师个体出发，在教育内容上探索，主要关注的是教师的自我成长。此外，教师专业化体现的是一种教育思想、教育制度、教育改革运动，而教师专业发展包含的是一个教师的成长过程。

综上所述，教师专业化是教师专业发展的前奏，只有教师职业更加专业化，才能更好地保障教师专业发展的提升，而教师专业水平的提升，也会为教师专业化注入更强动力。

四、英语教师专业发展相关要素

英语教师专业发展的要素包括专业理念、专业发展意识、自我效能感、反思能力，这些要素是教师专业发展的原动力。

（一）英语教师的专业理念

英语教师在当今教育领域扮演着重要的角色，因此，他们需要具备一定的专业理念，以便更好地履行教育职责。以下是英语教师应具备的专业理念。

1. 终身学习和专业发展对于英语教师至关重要

英语教师应该认识到教育是一个持续不断的过程，需要其不断地更新自己的知识和教学技能，以适应教育的需求。这意味着教师要具备自我反思和自我评估的能力，以便在职业生涯中不断进步。此外，教师应积极参加各种培训课程和研讨会，以提高自己的教学水平和专业素养。

2. 英语教师应树立正确的人才观、课程观、学生观和教师观

英语教师应关注学生的全面发展，尊重学生的个性差异，关心学生的心理健康。在课程设计上，教师应注重课程的实际应用和学生的兴趣爱好，使学生在学习英语的过程中获得愉悦感。同时，教师应认识到自己在学生成长过程中的重要作用，具有高度的敬业精神和良好的职业道德。

3. 英语教师需要具备创新精神和教学自主性

英语教师应使用以学生为中心的教学模式，这就要求教师不断地尝试新的教学方法和策略，以激发学生的学习兴趣和积极性。此外，教师应学会倾听学生的意见和建议，鼓励学生发表自己的看法，为学生提供充分的表达空间。

4. 英语教师应注重跨文化交际能力的培养

在全球化背景下，英语教师不仅要教授语言知识，还需要引导学生了解和尊重不同的文化传统和价值观。这要求教师自身具备一定的跨文化交际能力，能够在课堂上创设多元文化的氛围，帮助学生形成健康的世界观。

（二）英语教师的专业发展意识

英语教师在教育领域中扮演着重要角色，他们的专业发展意识对个人职业生涯和教育质量具有深远的影响。因此，英语教师应当具备以下六个方面的专业发展意识。

1. 自主性

英语教师需要意识到自己的专业发展是个人主动承担的责任，而非

仅仅依赖于教育主管部门的培训和指导。教师应主动参加各类研讨会、培训课程，不断更新知识、提高教学技能，以促进自身发展。

2. 自律性

英语教师应有自觉地遵守职业道德和教育规范的意识。这意味着教师在日常工作中要严格要求自己，以身作则，展现出敬业、诚信和乐于奉献的精神风貌。

3. 自觉性

英语教师应具备自我反思和自我评估的能力，从而形成对自己工作的客观认识。教师应关注自身在教育教学中的不足之处，逐步调整和改进教学方法，以提高教育质量。

4. 终身学习

英语教师应具备持续学习的意识，以满足不断变化的教育环境和学生需求。这包括阅读教育经典著作、关注教育研究动态，以及学习新的教学理念和方法。

5. 合作与交流

英语教师应认识到与同行及其他学科教师的合作和交流对自身发展的重要性。通过分享经验、交流想法和借鉴他人的优点，教师可以更好地提升自身的教育教学水平。

6. 跨文化敏感度

英语教师应具备跨文化敏感度，以便更好地指导学生了解和尊重不同的文化传统和价值观。这要求教师在课堂教学中注重培养学生的跨文化交际能力，开阔学生的视野。

（三）英语教师的自我效能感

英语教师在教育教学过程中的自我效能感对教学质量、教师职业发展和学生发展具有重要影响。为了提高英语教学质量和促进教师专业发展，英语教师应当具备以下四个方面的自我效能感。

1. 自信

英语教师应对自己的能力和技能有信心，相信自己能够胜任教育教学工作。这种自信将有助于教师在遇到困难时保持坚定的信念，勇敢面对挑战，寻求解决问题的方法。

2. 自我调控

英语教师需要具备自我调控能力，能够有效地管理自己的情绪、时间。通过自我调控，教师能在教学过程中保持积极的心态，应对各种困难和挑战。

3. 不断学习

英语教师应具备持续学习的意识，不断更新自己的知识和技能，提高教学质量。这种自我效能感将激励教师主动参加各类培训、研讨会和学术活动，以提升自身的专业水平。

4. 教学创新

英语教师应具备教学创新能力，勇于尝试和探索新的教学方法和策略。这有助于提高教育教学的有效性，激发学生的兴趣和积极性，提高学生的学习效果。

（四）英语教师的反思能力

英语教师需要具备反思能力，以便不断优化教育教学方法和提高自身的职业发展水平。反思能力使教师能够对自己的教育实践进行深入思考，从而在实际教学中取得更好的成果。以下是英语教师需要具备的反思能力。

1. 自我评估

英语教师应具备自我评估的能力，对自己的教学方法、教育理念和教学成果进行客观分析，从而找出存在的问题和不足，为自身职业发展提供有益指导。

2. 敏锐的问题意识

英语教师应具备敏锐的问题意识，能够在教学过程中及时发现问题，并针对这些问题进行深入思考，这有助于教师及时调整教学策略，提高教学质量。

第二节 “互联网＋教育”中英语教师的角色

一、英语教师扮演的共性角色

对于教师群体而言，日常扮演的角色包括教育者、指导者、激励者、艺术家、工程师。这些角色都是教师群体的共性角色，而英语教师有所不同，其除了扮演以上角色之外，还扮演着以下角色。

（一）英语语言知识的诠释者

英语教师的主要责任是向学生解释和传授英语语言知识。在这个角色中，教师需要将英语语言知识的分析和输出作为主要讲授内容。为了有效地向学生传授英语语言知识，教师可采用讲解、举例和操练等方法进行教学。这就要求英语教师具备扎实的英语专业知识，以及分析各种英语语言现象的能力。英语教师需要不断地提高自己的英语专业素养，包括词汇、语法、语音、语用等方面的知识。此外，教师还需要掌握一定的教育学和心理学知识，以便更好地了解学生的需求，制订有效的教学策略。

（二）英语语言技能的培训者

英语教师不仅是英语语言知识的诠释者，还扮演着英语语言技能培训者的角色。在英语学习过程中，掌握英语语言知识虽然重要，但最终目的还是提高英语语言的运用能力。因此，英语教师应担任英语语言技能的训练者。英语教师需要具备较高的英语语言运用能力，这样才能有效地组织教学活动，帮助学生提高语言技能。英语教师应能够设计和实施具有实践性、互动性的教学活动，以便让学生在听、说、读、写等方面得到锻炼。此外，英语教师还需要具备良好的沟通和团队协作能力，以便与其他教师、家长和学生建立良好的关系，共同推进学生的英语学习进步。

（三）英语语言环境的创设者

在教学过程中，英语教师需要扮演英语语言环境创设者的角色。自然语境对英语学习非常重要，因此，英语教师应注重为学生创设接近英语自然语境的语言学习环境，这样可以使学生在接近真实或模仿真实的情境下运用英语语言，感受西方文化，从而提高英语学习效果。英语教师需要设计并实施各种富有创意和实用性的教学活动，如角色扮演、情景对话、小组讨论等。这些活动可以帮助学生更好地理解和运用英语，同时能提高他们的口语、听力、阅读和写作技能。此外，英语教师还应关注学生的个性差异和兴趣爱好，以便为他们提供更恰当的学习环境。

（四）中西方文化的引入者

英语教师应扮演中西方文化引入者的角色。英语学习不仅仅包括英语语言知识和技能，还涉及文化背景知识。中西方文化存在很多差异，了解这些差异对于促进英语学习是非常有益的。因此，英语教师必须掌握相关的文化背景知识，了解中西方文化之间的差异，并向学生介绍和解释这些文化知识与文化差异。英语教师需要不断学习和积累文化背景知识，如西方历史、艺术、风俗习惯等。英语教师可以通过讲解、播放视频、组织文化活动等方式，向学生介绍中西方文化的异同，帮助他们形成跨文化意识和跨文化交际能力。

（五）英语教学的研究者

英语教师在教学过程中需要扮演英语教学研究者的角色。除了日常的教学工作之外，英语教师还需要进行研究工作。只有在语言学的指导下，英语教学才能确保科学方法的应用，从而实现教学目标。因此，英语教师要把握语言的性质和规律，掌握教学理论，对自己的教学进行反思和总结，借鉴他人的成功经验，从而形成自己的教学理念，以指导教学实践，提高教学的有效性。英语教师需要保持对教育领域的研究热情，关注教育学、心理学、语言学等领域的最新研究成果，不断更新和优化自己的教学策略。此外，英语教师还应积极参加教育培训、研讨会等活动，以拓展自己的知识面，提高自己的教学水平。

（六）学习的评估者

英语教师需要扮演学习评估者的角色。评估是英语教学中不可或缺的一个环节。除了向学生传授英语语言知识、语言技能、中西方文化等方面的知识之外，英语教师还应在教学活动结束后采取各种方式对学生的学习情况进行评估。通过评估，英语教师可以肯定学生的进步之处，并对其不足之处或存在的问题进行仔细分析，提出解决办法。英语教师需要掌握各种评估方法，如课堂观察、测试、作业批改、同伴评价等。英语教师应关注学生的个性差异，采用多元化的评估方式，全面了解学生的学习进展。此外，英语教师还应具备较强的沟通能力和敏锐的观察能力，以便及时发现学生的问题，并给予有效的指导和帮助。

二、“互联网＋教育”中英语教师的六大新角色

（一）“互联网＋教育”中英语教师的服务者角色

在传统英语教学中，“教师一统天下”的教学模式长期占据主导地位，学生往往需要依赖教师来满足他们的英语学习需求。然而，在“互联网＋教育”背景下，英语教学模式发生了很大的变化，学生可以通过多种信息技术工具来满足自己的英语学习需求，这使得英语教师的角色发生了重大转变。

在“互联网＋教育”中，英语教学工作已经从单纯的知识传授转变为一种教育服务工作。英语教师将学生当作教育服务对象，以学生为中心，选取适合学生的教学方法，而非让学生适应英语教师的教学方法。在这种教学模式中，英语教师与学生拥有平等的地位，英语教师不仅要输出英语语言知识，还应关注学生在接受知识之后的学习效果。

“互联网＋教育”中英语教师的服务者角色主要表现在以下五个方面。

第一，英语教师加强与学生的沟通，了解他们的学习需求、兴趣和困难，以便为他们提供更有针对性的教学服务。

第二，英语教师学习并掌握现代信息技术，如在线学习平台等，将这些技术融入英语教学中，为学生提供丰富的学习资源和多样化的学习方式。

第三，英语教师十分关注学生的自主学习能力和学习策略，引导他们充分利用信息技术工具，培养自主学习和终身学习的能力。

第四，为了适应以学生为中心的教学模式，英语教师开始注重培养学生的思考能力、创新能力和问题解决能力，并在课堂教学中调整教学策略，采用多样化教学方法，激发学生的学习兴趣，提高他们的学习积极性。

第五，英语教师应关注学生的情感因素，尊重他们的个性，鼓励他们勇敢表达自己的看法，培养他们的自信心和团队协作精神，这些都是在互联网背景下英语教师扮演服务者的具体表现。

（二）“互联网＋教育”中英语教师的设计者角色

在信息技术背景下的高校英语教学中，英语教师需要适应新的教学模式与方法，充分利用网络资源来促进学生的英语学习。在这种环境下，英语教师扮演设计者角色，参与到英语主题教学模式和单元任务的设计当中。

在英语主题教学模式设计中，英语教师需要根据学生的兴趣选取特定话题，并围绕特定话题展开讨论与探索活动。通过这种方法，教师能够使学生在自然语言环境中习得英语知识并掌握英语技能。在使用信息技术辅助参与讨论的过程中，教师应对课堂教学内容与信息资源所占的比例进行合理安排，确保学生能够充分利用网络资源进行学习。

此外，英语教师还是单元任务的设计者。在此过程中，英语教师要求学生完成任务，对英语加以运用与操练，进而达到单元主题教学目标。这不仅能提高学生解决问题的能力，还能拓宽学生的知识面。

在语言学习过程中，进行各种语言训练任务是至关重要的。英语教师可通过网络为学生设计听、说、读、写方面的练习，采用游戏化的方法，要求学生在限定的时间内完成特定任务，并提交以查看成果，系统将给出评分。这种方法能够提高学生的成就感，减少挫折感，同时激发他们的主动参与性。

为了确保学生在应对实际问题时能更有效地利用相关语言知识，英语教师需确保学生在完成各项语言训练任务后能熟练掌握所需的语言技能。在解决问题的过程中，学生可在网络上挑选与主题相关的素材进行分析，形成自己的观点，然后与英语教师及其他同学展开讨论。最后，学生可以通过在线作业的方式呈现自己的观点。

（三）“互联网+教育”中英语教师的指导者角色

学习策略在英语学习中有着重要的意义，学习策略的好坏直接决定着英语学习效果的好坏，以学生为中心的自主学习，并不意味着教师置身事外，而是教师全程参与监督的过程。在“互联网+教育”中，英语教师需要对学生的学习策略进行指导，这样学生可以利用网络更具针对性地学习。

“互联网+教育”中英语教师的指导者角色主要表现在以下四个方面。

1. 提供学习资源和指导

英语教师可引导学生利用网络资源，如英语学习网站、在线词典、语法练习软件等，并帮助学生制订学习计划。同时，教师还可向学生提供相关的学习指导，包括学习方法、策略和技巧等，帮助学生更好地进行自主学习。

2. 给予学生及时反馈和评价

英语教师在教学过程中要及时对学生的作业和学习成果进行评价和反馈，让学生了解自己的优缺点和进步情况，激励他们继续努力。同时，英语教师还要针对学生学习英语的表现和学习中遇到的难点，提供具体的学习建议和指导。

3. 帮助学生克服学习困难

英语教师在教学中要关注学生的学习困难和问题，并提供相应的解决方案和帮助。例如，针对学生的语法或拼写错误，英语教师可以提供相关的规则和练习，帮助学生掌握正确的语言表达。

4. 鼓励学生自主学习

英语教师可以通过激发学生的兴趣、提供有挑战性的学习任务等方式，鼓励学生主动参与学习。同时，英语教师还可以提供相关的网络学习资源和建议，让学生更加自主地进行学习。

（四）“互联网＋教育”中英语教师的创建者角色

“互联网＋教育”让英语教师的角色发生了变化，需要英语教师在在线教学系统的建立中扮演创建者的角色，为学生提供更加灵活、个性化的学习方式和方法，同时监督和反馈学生的学习情况，以达到促进学生自主学习的目的。首先，英语教师需要具备信息技术和创新思维，设计出合适的在线教学系统，其主要包括系统功能、界面设计、课程设置、考核评价等方面。其次，英语教师需要转变教学策略和方法，利用在线教学平台为学生提供更加灵活、个性化的学习资源和方式。最后，英语教师需要具备教育信息化技术应用能力，与学生积极互动交流，提供帮助和指导，促进学生的自主学习，同时实现教学目标。

通过以上措施，英语教师可以更好地扮演创建者的角色，通过在线教学系统对学生进行监督、指导和反馈，及时发现学生的学习问题和困难，并提供相应的解决方案和帮助。同时，英语教师的教育信息化技术应用能力得到提高，可以更加高效、便捷地进行教学，为学生提供更优质的教育服务，实现教育现代化的目标。

（五）“互联网+教育”中英语教师的促进者角色

在“互联网+教育”时代，英语教师扮演着促进者的角色，利用网络平台为学生提供更为便利的交互学习环境。网络交互活动成为英语教学的重要手段之一，英语教师需要组织主题单元任务交互活动，并提供适时的指导与帮助。具体表现为以下四点。

第一，英语教师需要熟练掌握网络技术，熟练应用各种网络工具，如BBS、电子邮件等，为学生提供良好的交互学习环境。

第二，英语教师需要根据学生的实际情况和教学需要制定适合的交互活动方案，以促进学生与教师之间的交流和合作。

第三，英语教师需要鼓励学生提出问题和疑惑，及时回答学生的疑问，帮助学生解决问题，促进学生的语言输出和交流能力的提升。

第四，英语教师需要积极参与网络交互活动，与学生进行互动和讨论，提供指导性的意见和建议，促进学生的自主学习和自我发展。

（六）“互联网+教育”中英语教师的分析者角色

在“互联网+教育”背景下，英语教师的角色正在发生显著变化。他们不再仅仅是知识的传授者，而是成为大数据挖掘与分析的专家。随着数字技术的发展，许多数字教育平台应运而生，促使网络学习者的数量增加，那些复杂的网络课程库信息被迅速捕捉、储存下来。其中，关于学习者的信息、学习时间、喜欢的学习方式、学习频率等信息，英语教师需要通过数字手段去挖掘、收集，以了解学生的基本情况。通过对学生学习数据的挖掘、收集和分析，英语教师能够设计出更为个性化的学习计划，真正实现因材施教。为了适应这一变化，英语教师需要掌握大数据分析方法，如机器学习、可视化和模型预测等。

机器学习作为一种重要的数据分析方法，涉及统计学、计算机科学和概率论等多个学科。英语教师需要学习这些知识，以便能够自动分析已知数据、发现规律，并对未知数据进行预测。这将帮助英语教师更好地了解学生的学习需求，从而提供更有针对性的指导。可视化是对大数据进行标签编辑的过程，使数据更容易被理解和分析。英语教师需要学会使用可视化工具，以便更直观地查看和分析学生的学习数据。通过可视化，英语教师可以发现学生在学习过程中的问题，并为他们提供更有效的帮助。模型预测是建立数据变量模型，并通过对照比较模型来预测学生未来行为的方法。英语教师需要掌握这种方法，以便预测学生的学习进度和成果。这将有助于英语教师为学生制订更为合适的学习计划，提高教学质量。

总的来说，“互联网+教育”中英语教师除了具备普通教师的基本特征之外，还应当站在一个较高的高度，去适应现代互联网技术，这样才能适应互联网时代的要求。

第三节 “互联网+教育”中英语教师专业素养的构成

在“互联网+教育”的时代背景下，英语教师不仅需要扮演好大数据挖掘与分析者的角色，还需要具备一定的专业素质。随着技术的不断发展，教育形式和手段也在不断演变，英语教师需要具备较强的学习能力、沟通协作能力、创新能力，除了这些能力外，英语教师还需要具备专业素养。

英语教师的专业素养包括创造性思维、信息素养、计算机操作能力、教学设计能力四个方面。

一、创造性思维

所谓创造性思维，指的是通过新技术或者新方法对问题进行解决、处理的一种思维方式，是思维的高级表现形式。在“互联网+教育”背景下，英语教师需要具备创造性思维，以便更好地利用丰富的网络资源进行教育创新和提高教学效果。具体而言，创造性思维包括独特性思维、综合性思维、多向性思维和发展性思维等方面。

（一）独特性思维

独特性思维要求英语教师具备丰富的中英文信息资源，能够设计出个性化的教学模式和方法。英语教师需要根据学生的需求和兴趣，为他们提供有针对性的教学内容和活动，以激发学生的学习热情和兴趣。

（二）综合性思维

综合性思维要求英语教师具备将英语学科与信息技术进行整合的能力。英语教师需要充分利用网络技术的优势，如交互式教学平台等，并将这些技术与传统教学方法相结合，从而提高教学效果。

（三）多向性思维

多向性思维要求英语教师具备对资源信息进行推理、总结的能力。英语教师需要从多种渠道搜集教学资源，分析这些资源的优缺点，并根据实际教学需求进行调整和优化，从而提高教学效果。

（四）发展性思维

发展性思维要求英语教师拥有前瞻性眼光，顺应技术发展趋势。英语教师需要关注教育科技的新发展和应用，对英语教学的发展前景作出合理预测，以便及时调整教学策略和方法。此外，在教学方法上，具备创造性思维的英语教师可以将多种教学方法综合起来使用，根据不同的学生和主题内容来设计不同的教学活动和展示方式。这将有助于引发学生主动思考，培养他们的创新意识和创新能力。

二、信息素养

在信息技术高度发展的今天，互联网已经渗入各个领域，教育也不例外。尤其在英语教育领域，教师需要具备较高的信息素养，以适应和跟上时代的发展。

在“互联网＋教育”背景下，英语教师需要具备的信息素养体现在以下三个方面。

（一）英语教师需要具备良好的信息意识

具有良好的信息意识是英语教师在“互联网＋教育”背景下的基本要求。英语教师需要时刻关注英语教育领域的最新动态和发展趋势，以便及时更新教学方法和教学内容。此外，英语教师还应该积极利用互联网技术，为学生提供更丰富、更有趣的学习材料，以激发学生的学习兴趣和提高教学效果。

（二）英语教师需要具备丰富的信息知识和较强的信息能力

英语教师不仅要了解信息技术的基本原理和应用方法，还需要关注信息技术在英语教育领域的具体应用。通过掌握这些知识，英语教师可以更好地利用现代信息技术来辅助教学，提高教学质量。另外，英语教师还应具有较强的信息能力。英语教师需要具备有效的理解、获取和利用信息的能力。只有这样，英语教师才能充分利用互联网资源，提高教学效果。利用现代信息技术创造性地开展教学活动也是高校英语教师应具备的能力。例如，英语教师可以利用电子邮件、个人网站、在线教育平台等，与学生进行实时互动，及时了解学生的学习情况，为学生提供个性化的指导和帮助。

（三）英语教师需要具备良好的信息态度

在信息技术背景下，英语教师应具有相应的道德、情感、法律意识，具备良好的信息态度。这包括尊重知识产权、保护学生隐私、遵守网络道德规范等。只有树立正确的信息态度，英语教师才能为学生树立良好的榜样，使学生养成健康的网络行为习惯。

三、计算机操作能力

如今，高校英语教学正处于一个信息化、数字化变革的状态。在这种背景下，英语教师需要具备较强的计算机工具使用能力，以更好地适应教育的变革和提高教学质量。

（一）英语教师需要具备制作英语课件的能力

随着教学方法的不断创新，多媒体课件已经成为英语教学的重要辅助工具。它们丰富了教学内容，提高了学生的学习兴趣，有助于提高教学效果。英语教师需要熟练使用 PPT 等工具制作多媒体课件，使课堂教学更加生动、有趣。

（二）英语教师需要具备音频、视频的编辑能力

在英语教学中，音频和视频素材对于提高学生的听力和口语水平具有重要意义。因此，英语教师需要充分利用计算机软件对通过网络下载的图形图像、视频文件、声音结合具体的教学要求加以编辑与集成。这样，英语教师就可以根据不同的教学目标和学生需求，制作出更加个性化的教学素材。

（三）英语教师需要具备网络教学能力

在“互联网＋教育”背景下，线上教学已经成为教育的重要组成部分。英语教师需要熟悉各种在线教学平台，了解其功能和操作方法，以便更好地进行远程教学。此外，英语教师还应具备一定的网络安全意识，在网络教学过程中保护学生的隐私。

（四）英语教师需要具备计算机辅助教学能力

随着人工智能和大数据技术的发展，计算机辅助教学越来越受到人们的重视。英语教师需要了解和掌握这些先进技术，并将其应用于教学实践中。例如，教师可利用智能评分系统对学生的作业进行评分，或使用个性化推荐系统为学生提供个性化的学习资源等。

（五）英语教师需要具备信息检索和分析能力

在互联网信息爆炸的时代，英语教师应当具备利用搜索引擎、在线数据库等工具快速筛选和获取有价值信息的能力。此外，英语教师还需要具备一定的数据分析能力，以便从海量信息中挖掘出对教学有益的资源。这将有助于英语教师不断更新教学内容，满足学生的学习需求。

四、教学设计能力

在“互联网 + 教育”背景下，英语教师不仅要承担传统的语言知识传授任务，还需要具备教学设计能力，成为网络资源的设计者。这一转变要求英语教师能够灵活运用多种教学方式，结合网络技术为学生提供更有效的学习体验。在这一背景下，英语教师需要具备以下三种能力。

（一）英语教师需要具备教学内容设计能力

在教学中，英语教师需要利用网络多模态地呈现教学内容，包括图文、音频、视频等多种形式。这样的教学内容能够满足不同学生的需求，提高学生的学习兴趣和动力。

（二）英语教师需要具备组织和管理线上课程的能力

英语教师应根据具体教学情况采取灵活的形式，如小组教学与自学形式相结合、个别教学与班级授课相结合等。英语教师还需要密切关注每个学生的学习进度和情况，以便及时给予支持和指导。在网络环境中，英语教师可以通过在线讨论、实时交流等方式与学生互动，以提高教学效果。

（三）英语教师需要具备评估和反馈的能力

在“互联网＋教育”背景下，英语教师可以借助教学软件和在线工具对学生的作业进行批改，并及时给予反馈。这种形式可以使英语教师更好地了解学生的学习状况，及时调整教学策略，以满足学生的个性化需求。

在新的教育环境下，传统教学法如启发式教学法、合作教学法和案例教学法等得到了优化。英语教师需要在教学过程中融合多种教学方法，既要注重知识传授，又要重视学生综合素质的培养。

第四节　“互联网＋教育”中英语教师专业素养的提升路径

在“互联网＋教育”背景下，对英语教师的专业能力有了更高的要求，而如何提升英语教师的专业素养也成为众多学者研究的重点。笔者结合英语专业教师发展现状，总结出四大路径来提升英语教师的专业素养。

一、利用教学实践促进英语教师实践能力的提升

所谓教学实践，指的是教师将自身的认知与经验运用到实际的课堂教学之中。在这一过程中，教师需要认识到课堂教学实践也是促进自身发展的过程。教学实践可以有效促进师生的共同发展。

在高等教育领域，英语教师肩负着培养具备国际视野的人才的使命。英语教师可以通过以下策略在教学实践中提升自身的专业素养，进而实现教育目标。

（一）构建真实情境

英语教师应系统地构建富有真实性和生活化的教学情境，以便学生在实际环境中学习和运用英语。例如，为了让学生更好地掌握商务英语，英语教师构建了一个真实的教学情境。在这个情境中，学生需要分成几组，每组扮演一个国际公司。他们需要为即将举行的国际贸易会议准备相关材料，包括产品介绍、市场分析、竞争对手分析等。此外，他们还需要在课堂上进行商务谈判和合作，以达成贸易协议。通过这个真实情境，学生在实际环境中运用了商务英语，提高了自己的沟通能力和团队协作能力。同时，英语教师在指导和观察学生的过程中，也更好地了解了他们的需求和问题，从而有针对性地调整教学方法。

（二）反思教育实践

英语教师应对自己的教育行为和教学效果进行持续性的反思。通过对教学过程中出现的问题和困难进行深入分析，英语教师可以在实践中不断优化教学方法，从而提高教学质量和专业素养。英语教师要审视自己在教学过程中是否充分关注学生的需求和问题。

在经过反思后，英语教师可以调整教学方法。英语教师的反思与调整，有助于学生提高学习效果。同时，英语教师也可通过这次反思提高自己的专业素养和教学能力，为后续教学积累宝贵经验。

（三）促进互动交流与协作

英语教师应在课堂中与学生进行有效的互动交流，鼓励学生参与讨论、表达观点，并与同学建立协作关系。这样有助于英语教师更好地了解学生的需求，提高教学质量，同时促进英语教师与学生共同成长。例如，英语教师在讲述英语文学课程时，为了提高学生的阅读理解能力和批判性思维，安排了一次关于莎士比亚悲剧《哈姆雷特》的小组讨论。英语教师将学生分为若干小组，要求他们在阅读剧本后讨论其中的人物、情节等。每组需要准备一份汇报，总结他们的讨论成果，并在课堂上进行展示。通过小组讨论和展示，学生在互动交流中锻炼了自己的英语口语和表达能力。同时，他们学会进行批判性思考，能分析文学作品的多重意义。英语教师在引导和评价学生讨论的过程中，也发现了学生在阅读理解和批判性思维方面的不足，为后续教学提供了有价值的反馈。

（四）与学生共同进步

英语教师与学生在教育过程中共同学习和成长，其在促进学生学习的过程中，也在不断丰富自己的知识体系和教学方法。因此，英语教师应保持开放的心态，与学生共同追求进步，实现共同提高。

例如，在开展跨文化交际的课程时，为了让学生更好地理解和掌握跨文化交际的知识与技能，英语教师设计了一个基于项目的学习活动。在这个活动中，学生需要分组，每组选择一个国家，对该国的文化进行深入研究。学生需要从语言、礼仪、习俗、价值观等多个方面进行分析，最终以 PPT 或视频的形式进行汇报展示。在整个活动过程中，英语教师不仅指导学生如何进行文化研究和分析，还与学生一起研究，共同探讨各种跨文化交际问题。英语教师鼓励学生提出自己的看法和观点，并与学生分享自己的经验和见解。通过基于项目的学习活动，学生在实际操作中提高了自己的跨文化交际能力和团队协作能力。同时，英语教师在与学生互动的过程中，也不断地丰富自己的知识体系和教学方法。英语教师与学生共同进步，实现了共同提高。在这个过程中，英语教师和学生之间的关系更加紧密，形成了良好的教育氛围。

二、专业引领促进英语教师专业技能的学习

“互联网＋教育”模式影响了英语教育领域的变革，为英语教师提供

了更多的资源、交流和发展机会。通过专业引领，英语教师可以更好地更新教育理念，提高教育教学水平，促进自身专业技能的发展。

（一）“互联网＋教育”背景下专业引领的重要性

在“互联网＋教育”背景下，英语教师面临着新的挑战和机遇。一方面，互联网为英语教师提供了丰富的资源，帮助他们开展教学活动；另一方面，互联网也带来了教育领域的巨变，对英语教师的专业能力提出了更高的要求。因此，英语教师需要通过专业引领来更新教育理念，提高教育教学水平，实现自身的专业成长。

专业引领是英语教师专业发展的一个重要途径，英语教师可以由专业引导人员指导，这些专业引导人员可以是教育领域内的专家，包括教育科研人员；也可以是具有研究特长的人员，包括学科带头人、特级教师等。英语教师需要向专业引导人员学习，接受新的方法和理念，更好地运用到英语教学当中，实现英语教学效率的提升。

（二）“互联网＋教育”背景下专业引领的实践

1. 利用互联网资源开展专业学习

互联网为英语教师提供了丰富的学习资源，如在线课程、学术文章、教学视频等。英语教师可以根据自己的需求和兴趣选择合适的资源进行学习，不断提高自己的专业素养。此外，英语教师还可以通过在线学习平台与其他教师和专家进行交流和合作，共同探讨教育教学问题。

2. 参与线上教研活动

互联网为英语教师提供了良好的线上教研平台。英语教师可以在平台上分享自己的教学设计、教学案例、教学心得等，还可以与其他教师进行交流和讨论。通过参与线上教研活动，英语教师可以及时了解教育教学的前沿动态，吸收新的教育理念，提高自己的教育教学水平。

3. 建立网络教育合作机制

互联网打破了地理空间的限制，使英语教师能够与全国乃至全球的同行建立联系。英语教师可以通过建立网络教育合作机制，与其他教师和专家共同研究教育教学方法，分享资源，提高教学质量。

三、引入同伴观摩，促进观摩效应实现

在“互联网+教育”背景下，互联网技术对同伴观摩有积极的意义。首先，“互联网+教育”为同伴观摩提供了便利。借助互联网技术，英语教师可以突破时间和空间的限制，实现异地、异时间的同伴观摩。例如，通过视频、直播、网络会议等方式，英语教师可以轻松地观摩其他教师的课堂教学，实现远程同伴观摩。其次，“互联网+教育”促进观摩效应的实现。在“互联网+教育”背景下，英语教师之间可以更加方便地分享教学资源、经验，以实现优势互补，提高教学质量。例如，英语教师可以通过在线平台或社交媒体进行交流、讨论，从而取得更好的观摩效果。最后，“互联网+教育”提高了同伴观摩的实效性。

（一）同伴观摩实施原则

1. 明确观摩的重点

由于课堂教学活动涉及多个方面，所以教师在观摩过程中应确定观摩重点，以便作出更具针对性的评价。

2. 选择纪录工具

在确定观摩重点后，教师应选择合适的工具，如录音设备等，以便对观摩过程进行有效记录。

3. 观摩人员不参与课堂活动

观摩者应保持客观，避免干扰课堂教学过程。

（二）同伴观摩实施步骤

1. 预观摩讨论

在观摩开始前，英语教师应就课程性质、讲授教材、教学方法、教学对象等内容展开探讨，以确保观摩活动的效果。

2. 确定观摩重点

预观摩讨论结束后，英语教师应分析课堂活动组织、学生表现情况、师生互动情况等，从而确定观摩的重点。

3. 选择记录方法

在观摩重点确定后，英语教师需要选择合适的记录方法，如预先制作的清单、教学行为标注或有具体教学过程的分析报告。

4. 实施观摩

按照前述准备工作，英语教师进入课堂，开始观摩。

5. 观摩后讨论与总结

观摩活动结束后，教师之间展开讨论，进行总结。在此过程中，英语教师可以发表看法、分享经验、积极反思，从而取长补短、共同成长，最终促进专业发展。

四、利用反思性教学促进英语教师反思意识及能力的提升

在“互联网＋教育”背景下，反思性教学已成为英语教师教育发展的重要趋势。在这种环境下，英语教师需要调整教学方法，以便更好地适应信息技术的发展和学生的需求。反思性教学不仅有助于英语教师提高自己的教学质量，还能促进英语教师反思意识和能力的提升。

（一）英语教师的反思意识及能力

在“互联网＋教育”背景下，英语教师需要意识到自己的教学方式可能已经不再适用于当下的教育环境。因此，英语教师需要时刻保持对

自己教学方法、教学策略、教学内容和教学评价的反思意识。通过对教学实践的深入思考，英语教师能够发现问题、分析问题、解决问题，从而在实践中不断提升自己的教学水平。此外，英语教师还需要提升自身的反思能力。

在“互联网＋教育”环境下，英语教师需要具备较强的反思能力，以便及时调整教学方法和策略。反思能力包括自我评价、分析问题、创新能力、合作与沟通四个方面。

1. 自我评价

英语教师应能识别自己在教学过程中的优点和不足，了解自己的教学风格，并在此基础上进行改进。

2. 分析问题

英语教师应具备对问题进行深入分析的能力，以便找出问题的根源，并制定有效的解决方案。

3. 创新能力

在“互联网＋教育”背景下，英语教师需要具备较强的创新能力，以便在教学过程中运用新的教育技术和方法。

4. 合作与沟通

英语教师需要具备良好的沟通和合作能力，以便与同事和学生进行有效的交流和协作。

（二）英语反思性教学的具体步骤

英语作为一门特殊学科，其教育对象、教学环境以及人才培养方式具有独特性。因此，反思性教学需要依托互联网技术，且其实施需要按照一定的步骤。反思性教学的具体步骤如下。

1. 发现教学中出现的问题

在教学或研究过程中，当英语教师遇到有趣的现象、困难或困惑时，通常会有三种反应：沉浸在幻想中、直接逃避不理会或选择其他事情以

回避，以及勇于面对这些问题和现象。实际上，这三种反应都属于反思性思维。因此，反思性教学以问题为基础，其起点在于发现教学过程中的问题。当教学效果未达到预期或超出预期时，可能会引发英语教师的困惑或惊讶，进而产生反思性思维。在教学过程中，英语教师可能会遇到如教学目标设计不适应现实教学环境、教学资源未充分利用、教师的职业技能和英语知识未能解决教学问题、英语知识与其他专业知识的比重不平衡，以及理论与实践不符等问题。这些问题的出现会引发英语教师对教学的反思。

2. 描述问题情境以明确问题

正如前面所述，教学中出现的问题会让英语教师感到困惑，导致思维混乱。在这个阶段，尽管英语教师已经有了探究方向，但仍需要对问题进行进一步明确。通过对问题进行详细描述，英语教师可以明确教学中存在的问题。

3. 运用现有知识和经验理解问题

善于反思的英语教师通常会在明确问题后，以这些问题为中心，对收集到的资料进行分析和解读，以便理解这些问题。英语教师会在现有知识中寻找与这些问题类似的信息，根据自己的知识和实践经验对这些问题进行分析和对比，找出问题产生的原因。在此基础上，英语教师可以改进教学方法，并设计更完善的教学计划。

4. 提出理论假设并验证，实施行动研究

理解问题之后，英语教师会形成新的行动策略和理论。此时，英语教师需要将这些理论付诸实践，提出理论假设，并进行验证。验证后，如果达到预期结果，新理论将得到优化；如果未达到预期结果，英语教师需要进一步反思，并开始新的行动研究。

结　语

借助“互联网＋教育”，英语教学已经取得了显著的成就，并展现出较大的潜力。在这一背景下，英语教学将持续在教学方法、教材设计、教育资源整合和教师发展等方面取得突破性进展。

英语教学在“互联网＋教育”时代有了较大突破。这一突破主要体现在以下方面：在线教育平台的普及使英语教学无时无刻不在发生；个性化教学方法的推广，使得每个学生都能根据自己的需求和兴趣进行英语学习；教育资源的高度整合，让学生能够接触到更丰富、更多样化的英语学习材料；教师的专业发展得到了空前的关注，提升了教学质量。

然而，英语教学在“互联网＋教育”中仍然面临着诸多挑战。这些挑战包括如何有效整合教育资源、提高教师的信息素养、保证在线教育质量、解决数字鸿沟等问题。针对这些挑战，未来英语教学的发展方向应该集中在以下方面。

第一，进一步推广在线教育平台，提高英语学习的普及率和便利性。这包括建设高质量的在线课程、开发智能学习系统、完善远程教育服务等。

第二，创新教学方法和教材设计。借助“互联网＋教育”的优势，英语教学应该更加注重学生的主动参与、合作学习、创新能力培养等方面，使教学更加生动、有趣。

第三，加强教育资源的整合和共享。通过搭建资源共享平台，整合优质教育资源，为英语学习者提供更为丰富、多样的学习材料，同时降低学习成本。

第四，提升英语教师的专业素质和信息素养。加大对英语教师培训的投入，提高英语教师的信息技术应用能力，使英语教师能够灵活运用“互联网 + 教育”所带来的优势，更好地开展教学活动。

总结而言，在“互联网 + 教育”时代，英语教学已经取得了显著成果，但仍需不断探索和发展。为了进一步推动英语教学的改革，教育资源的整合、教师发展、教学方法创新、教育公平等方面是需要着重关注的。有了这些努力，相信在不久的将来，英语教学将在“互联网 + 教育”的优势下迎来更加广阔的发展空间，为培养更多具备国际竞争力的英语人才作出贡献。

参考文献

[1] 刘学忠 .“互联网 + 教育”读本 [M]. 银川：宁夏人民教育出版社，2020.

[2] 刘学忠，赵永涛 . 互联网 +：教育发展新范式 [M]. 银川：宁夏人民教育出版社，2020.

[3] 易凌云 . 互联网教育与教育变革 [M]. 福州：福建教育出版社，2018.

[4] 孙博 .“互联网 + 教育”视阈下大学英语教学的路径选择与构建 [M]. 长春：吉林科学技术出版社，2020.

[5] 曹海霞 . 互联网教育背景下大学英语教学体系的反思与重建 [M]. 长春：吉林大学出版社，2020.

[6] 唐俊红 . 互联网 + 英语教学 [M]. 北京：新华出版社，2018.

[7] 周全林，陈建军 . 现代教育技术 [M]. 武汉：武汉大学出版社，2011.

[8] 邓金娥 .“互联网 +”背景下商务英语教学研究 [M]. 长春: 吉林文史出版社，2018.

[9] 胡刚 . 论互联网 + 教育 [M]. 南京：江苏凤凰教育出版社，2017.

[10] 乐国斌 .“互联网 +”时代商务英语教学模式研究 [M]. 长春：东北师范大学出版社，2018.

[11] 苑丽英 . 互联网 + 视域下大学英语教学的创新探索 [M]. 长春：吉林人民出版社，2019.

[12] 王磊 . 互联网 + 背景下高校英语有效教学研究 [M]. 长春: 吉林人民出版社，2019.

[13] 张冰，蒯莉萍，成敏 .“互联网 +”时代大学英语信息化教学研究 [M]. 西安: 世界图书出版西安有限公司，2018.

[14] 刘英爽，鲁硕，程颖 .“互联网 +”背景下英语教师专业发展研究 [M]. 北京: 中国商务出版社，2019.

[15] 万丽，程赟，马宁 .“互联网 +”视域下的大学英语模块化教学模式研究 [M]. 长春：吉林大学出版社，2020.

[16] 张敏 . 大学英语教育教学理论与实践探究 [M]. 北京：中国商业出版社，2018.

[17] 张乐平 ."互联网 +" 时代背景下大学英语教学改革与发展研究 [M]. 长春：吉林大学出版社，2019.

[18] 程亚品 ."互联网 +" 时代下信息技术与英语教学的深度融合 [M]. 天津：天津科学技术出版社，2019.

[19] 王辉 . 基于移动互联网环境的大学英语词汇习得模式研究 [M]. 成都：四川大学出版社，2019.

[20] 陈细竹，苏远芸 . 大学英语教学模式的革新与发展研究 [M]. 长春：吉林人民出版社，2021.

[21] 程丽娟，姚晓盈，王慧 . 英语教学与模式创新 [M]. 哈尔滨：哈尔滨出版社，2020.

[22] 周保群 . 大学英语教学模式与课程建设研究 [M]. 重庆：重庆大学出版社，2020.

[23] 赵红卫 . 大学英语教学模式与跨文化翻译研究 [M]. 延吉：延边大学出版社，2021.

[24] 黄儒 . 大学英语教学模式研究 [M]. 哈尔滨：黑龙江教育出版社，2018.

[25] 徐琴 . 新时代高校英语教学模式创新研究 [M]. 北京：北京工业大学出版社，2019.

[26] 杜羽洁，史红霞 . 高校英语教学模式创新与发展研究 [M]. 北京：北京工业大学出版社，2019.

[27] 杨雪静 . 高校英语教学模式创新研究 [M]. 长春：吉林人民出版社，2020.

[28] 刘欣 . 多模态视角下的大学英语教学模式研究 [M]. 北京：中国纺织出版社有限公司，2022.

[29] 潘英慧 . 基于微课的大学英语教学模式分析与研究 [M]. 长春：吉林科学技术出版社，2020.

[30] 杨倩 . 英语教学理论与现代化互联网教育技术研究 [J]. 海外英语，2022（19）：115–116.

[31] 钮敏 ."互联网 + 教育" 下大学英语翻译教学创新研究 [J]. 淮南职业技术学院学报，2022，22（5）：115–117.

[32] 李玉婕 . 互联网时代大学英语教学创新探索：评《"互联网 + 教育" 视域下大学英语教学的路径选择与构建》[J]. 中国科技论文，2022，17（4）：476–477.

[33] 霍俊燕 ."互联网 + 微课" 视角下创客教育融入大学英语教学的探析 [J]. 试题与研究，2021（19）：55–56.

[34] 王君 ."互联网 +" 教育背景下的大学英语教学生态模式分析 [J]. 英语广场，

2021（4）：97–99.
[35] 倪筱燕."互联网+"教育环境下的大学英语混合式教学模式研究 [J]. 海外英语，2020（19）：135–136.
[36] 刘佳男."互联网+教育"背景下大学英语口语教学方式创新研究 [J]. 校园英语，2020（40）：51–52.
[37] 王瑞.互联网时代大学英语语法教育与教学 [J]. 食品研究与开发，2020，41（17）：225–226.
[38] 杨威."互联网+"背景下的创客教育在大学英语教学中的应用初探 [J]. 齐齐哈尔师范高等专科学校学报，2020（3）：137–139.
[39] 魏萍."互联网+教育"视角下大学英语教学模式创新 [J]. 海外英语，2019（23）：124–125.
[40] 李娜，张淳，孙景贤.互联网教育时代下提高大学英语课堂教学有效度的研究 [J]. 才智，2019（29）：169.
[41] 王黎蕊，黄毅."互联网+"教育背景下大学英语教学模式创新研究 [J]. 科教导刊（中旬刊），2019（23）：104–105.
[42] 梁倩.互联网+教育视角下大学英语教学模式创新研究 [J]. 教育现代化，2019，6（64）：66–67.
[43] 李慧."互联网+"教育背景下大学英语翻转课堂教学模式研究 [J]. 佳木斯职业学院学报，2019（7）：159–160.
[44] 刘慧君.互联网教育在现代英语教学中的应用 [J]. 海外英语，2018（22）：222–223.
[45] 张铭."互联网+教育"与大学英语教学之关系探究 [J]. 黑河学院学报，2018，9（10）：92–94.
[46] 张锐."互联网+"教育背景下大学英语教学策略研究 [J]. 海外英语，2018（20）：145–146.
[47] 张晓菲."互联网+教育"背景下大学英语教学翻转课堂的构建分析 [J]. 戏剧之家，2018（22）：181.
[48] 左丹."互联网+教育"如何促进大学英语教学改革 [J]. 文教资料，2018（15）：190–191.
[49] 周光海."互联网+教育"背景下大学英语翻转课堂教学模式构建 [J]. 校园英语，2017（44）：33–34.
[50] 方懿文."互联网+教育"背景下大学英语教学新模式探究 [J]. 才智，2017（19）：114.
[51] 蒙玉鸾.应用互联网思维重构大学英语教学 [J]. 才智，2016（3）：153.

附录　学生英语能力自评 / 互评表

使用说明：

1. 学生英语能力自评 / 互评表列举了一般要求、较高要求和更高要求中的各项语言技能，可以帮助教师更好地理解不同层次的教学要求，在教学中增强针对性。教师还可以根据本校的大学英语教学大纲，补充或调整有关的微技能。

2. 在教学开始时，教师向学生介绍自评 / 互评表中的各项微技能，帮助学生了解教学要求。

3. 教师定期要求学生进行自评和互评，通过评估，使学生了解自己对语言微技能的掌握情况，及时调整学习行为。

4. 学生在自评 / 互评表右面的“评价”栏中对自己或同学的英语能力做出评估，能够做到的打“√”不能做到的打“×”。根据自评或互评的结果，参考下表中的提示，对下一阶段的学习作出相应安排。

优	良	中	差
能掌握各项语言技能中所有的微技能；完全达到本层次的教学要求	能掌握各项语言技能中 3/4 的微技能；较好地达到本层次的教学要求，稍加努力，可实现学习目标	能掌握各项语言技能中 2/3 的微技能；基本达到本层次的教学要求，但仍应继续努力	未能掌握各项语言技能中 1/2 的微技能；未达到本层次的教学要求，应寻求指导，调整学习方法和计划

自评与互评结果记录可以参考下表。

日期（年 / 月 / 日）	评估方式		评估结果（优、良、中、差）				
	自评	互评	听	说	读	写	译

自评 / 互评表的具体内容如下。

技能要求			评 价
一般要求	阅读 /Reading	我能以中等速度（每分钟 70 词）基本读懂语言难度中等、一般性题材的文章，理解其大意及主要细节	
		我能以较快速度阅读篇幅较长、语言难度略低的文章	
		我能借助词典阅读本专业的英语教材和题材熟悉的英文报刊的文章，掌握中心大意，理解主要事实和有关细节	
		我能读懂生活中常见的表格的如注册表、申请表、问卷调查表等	
		我能读懂指示语、产品说明书、广告、海报、邀请函等	
		我能读懂涉及日常生活的个人信件或内容一般的商业信函	
		我能浏览互联网上的一般信息，基本读懂国内英文报刊，理解大意及主要事实	
		我掌握了基本的阅读技能，如根据上下文猜测生词或习语的意思、寻读、略读等	

（续　表）

技能要求			评　价
一般要求	写作 /writing	我能填写常见的表格，如注册表、申请表、问卷调查表等	
		我能写给或回复他人祝贺卡、生日卡、邀请信、便条、短信、通知等	
		我能写出简单的指示语、个人广告、社团海报、个人简历等	
		我能简要地描述个人经历、发生的事件、读过的故事、观看的影片、喜怒哀乐等情感，写出或回答个人或公司的信函、电子邮件、传真等	
		我能就一定话题或提纲在 30 分钟内写出不少于 120 词的短文，内容基本完整、中心思想明确、用词恰当、语义连贯	
		我能在一般写作或应用文写作中恰当使用相应的写作技能	
较高要求	阅读 /reading	我能以中等速度（每分钟 70 ～ 90 词）基本读懂英语国家大众性报纸杂志上一般性题材的文章	
		我能以较快速度（每分钟 120 词）阅读篇幅较长、难度适中的文章	
		我能略读新闻、人物、事件等报道的主要内容，抓住其要点，能寻读有关材料，快速查找所需信息	
		我能阅读所学专业的综述性文献，并能正确理解中心大意，抓住主要事实和有关细节	
		我能借助词典读懂与我专业相关的技术性论文，能从技术性手册中快速查找所需信息，以解决遇到的技术问题	

（续 表）

技能要求			评 价
较高要求	写作 /writing	我能就所读一般主题的文章写出其摘要或大纲，能阐述自己对某一焦点问题的观点，并能基本陈述赞成或反对的理由	
		我能写所学专业论文的英文摘要	
		我能写出日常的应用文章，结构与表达符合应用文体规范	
		我能借助参考资料写出专业小论文，结构基本清晰	
		我能就一般性主题在半小时内写出不少于160 词的记叙文、说明文或议论文，内容完整，观点明确、条理清楚、文理通顺	
更高要求	阅读 /reading	我能读懂有一定难度的文章，理解其主旨大意及细节	
		我能借助词典读懂原版英语教材和英语国家报纸杂志上的文章	
		我能较为顺利地阅读所学专业的英语文献和资料	
	写作 /writing	我能就一般性主题比较自如地表达个人的观点，做到文章结构清晰、内容丰富、逻辑性强	
		我能将从不同渠道获取的信息进行归纳、总结，写成英文概要或汇报提纲	
		我能撰写专业文章摘要，能写简短的专业报告和论文	
		我能就一般性主题在半小时内写出不少于200 词的记叙文、说明文或议论文，思想表达清楚、文章结构清晰、内容丰富、逻辑性强	